Von der russischen Seele

VON DER RUSSISCHEN SEELE

Impressionen
von Puschkin bis Jerofejew

Herausgegeben
von Gabriele Krone-Schmalz
in Zusammenarbeit mit
Galina Durthoff

ECON Verlag
Düsseldorf · Wien · New York · Moskau

INHALT

VORWORT

Wofür mußte sie nicht alles herhalten, die »russische Seele«: für romantische Sehnsüchte, einen Bilderbuchwinter vor Augen, Balalaikamusik im Ohr, aber auch für erschreckende Abgründe von Menschenverachtung und Grausamkeit. Wenn man über die russische Seele spricht, läuft man immer Gefahr, entweder zu mystifizieren oder zu dämonisieren.

»Russische Seele« klingt poetischer als »Nationalcharakter«, meint aber dasselbe. Der eine Begriff ist gut für Dichter, der andere für Wissenschaftler. Es gibt unendlich viel Literatur darüber, ob so etwas wie Nationalcharakter überhaupt existiert oder nicht und wie er denn ist, wenn es ihn geben sollte.

Ist etwas daran, wenn man sagt *die* Deutschen, *die* Italiener, *die* Russen und so fort, oder handelt es sich dabei je nach Sympathie und politischer Lage um schlichte Freund- oder Feindbilder? Hilft es, wenn man bei den Denkern des jeweiligen Volkes nachfragt? Russische Dichter und Philosophen haben jedenfalls ausgiebig ihre Gedanken und Worte der russischen Seele gewidmet.

In einer Zeit, in der für uns alle mehr als je zuvor von der Entwicklung in Rußland abhängt, wäre es wünschenswert, sich ein möglichst realistisches Bild von diesem Land und seinen Menschen zu machen, davon, was sie beschäftigt, worunter sie leiden, woran sie Freude haben, womit sie sich quälen und was für sie Leben ausmacht.

So etwas erfährt man nicht aus Wirtschaftsbilanzen

und politischen Wahlergebnissen, sondern aus den Bereichen, die sich nicht messen lassen, die mit Ideen und Gefühlen zu tun haben.

Bei der Beschäftigung mit diesem Buch fiel mir meine Dissertation ein, die ich vor 17 Jahren geschrieben habe. Sie untersucht das Bild, das der Schulfunk in der Zeit von 1945 bis 1972 von Russen und Rußland zeichnete. Darin habe ich geschrieben:

»In einer Gesellschaft gleichermaßen vom Wirtschaftswunder wie vom Kalten Krieg besessen, wird eine Schulfunksendung über Rußland anders ausfallen als in einer Gesellschaft, die im Begriff ist, den Glauben an ihre absolute Überlegenheit zu verlieren und so sich bereit findet, Andersdenkende gleichberechtigt zu behandeln. Doch diese erwähnten Gesellschaften existieren nicht in Reinkultur; auch die letztgenannte hat die Folgen des Kalten Krieges noch nicht überwunden.«

Damals, 1977, hätte ich nicht gedacht, daß dieser Prozeß so lange dauern wird. Den Kalten Krieg haben wir zwar mühsam überstanden, aber seine Folgen überwunden haben wir auch heute noch nicht.

Wir können uns zum Beispiel nach wie vor nicht wirklich von dieser primitiven Pseudologik verabschieden, nach der alles, was nicht gut ist, böse zu sein hat und umgekehrt. Wir in unserer durchgestylten Gesellschaft mit dem kollektiven Erfolgserlebnis (bis vor kurzem) haben nicht gelernt, mit Widersprüchen umzugehen. Wir sind es unserem Selbstbewußtsein schuldig, so zu tun, als ließen sich alle Probleme lösen, als gäbe es für alle Unzulänglichkeiten dieser Welt Rezepte, wie man das reparieren kann.

Ein Blick in die russische Seele, von Puschkin bis Jerofejew, legt ein Bündel an Widersprüchen offen, die gleichzeitig und nebeneinander existieren. Aber nur wo Widersprüche sind, da ist Leben, intensiv und dramatisch. Vom *Leben* der Russen soll diese Anthologie eine Ahnung vermitteln.

GABRIELE KRONE-SCHMALZ

I.

DU UNSER ÄRMLICHES, DU UNERSCHÖPFLICHES, DU UNSER KRÄFTIGES UND DOCH OHNMÄCHTIGES MÜTTERCHEN RUS!

Nikolai A. Nekrassow, 1865

LÄNDER GAB ES,
die waren reicher,
gescheitere,
schönere
sah ich zumal.
Nie aber
sah ich
ein Land
voll gleicher
Leidenskraft
und getragener Qual.

WLADIMIR MAJAKOWSKI, 1925

VOR MIR her nach Osten, das
Die Hände ringende Rußland.

ANNA ACHMATOWA, 1942

STROPHEN AN DEN SOHN

In keine Stadt und in kein Dorf –
Fahr du, Sohn, in dein Land
(Ins aller Länder Gegenland!)
Wohin zurück, zurückgehn – vor-
Wärts heißts für dich gehn, du hast
Die Rus noch nie gesehn, du sahst –
Was, mein Kind, sahst du . . .

Meins? ihr Kind,
Wie Wald und Ebene, wie das Gras,
Mit dem Gewesenes sich bewächst.
Erdreich, zu Staub zerriebnes, blaß –
Vielleicht dem Kind zur Wiege das
Auf Händen tragen, zitternd, taub –:
»Hier ist – die Rus! ehr diesen Staub!«

Von was dir nie Verlust war geh.
Geh, Sohn, wohin die Augen sehn,
Aller-Länder-Augen, aller Welt
Augen, und deine! blau, ein Zelt
(Augen, in denen ich mich seh)
Augen, die sehn: die Rus. Die Rus.

Neigen wir uns nicht vor Namen. Rus –
Die Rus den Alten, Rußland uns,
Euch, Lichtbringer der Höhlen, der
Ruf wie ein Ruf: SSSR!
Nicht leiser rufend als ins Netz
Des Himmels aufruft: SOS.

Uns ruft die Heimat nicht. Mein Sohn,
Du fahr, fahr zu! fahr vorwärts – heim
In dein Land, dein Jahrhundert, deine Stunde,
In deins! ins aller-Rußland! weg von uns.
Ins unsre-Zeit-Land! ins jetzt-eben-Land!
Ins auf-dem-Mars-Land! ins Land-ohne-uns!

MARINA ZWETAJEWA, 1932

DIE RUSSEN schämen sich beinahe dafür, daß sie Russen sind; Sie kennen keinen Nationalstolz und oft ist ihnen sogar bedauerlicherweise das Gefühl der nationalen Würde fremd. (...) Dem russischen Charakter ist wahrhaftig eine gewisse nationale Selbstverleugnung eigen sowie eine den westlichen Völkern völlig unbekannte Opferbereitschaft. (...)
Die Kehrseite der russischen Demut ist der ungewöhnlich starke, russische Eigendünkel. Der Allerdemütigste ist zugleich der Allergrößte, der Mächtigste und Einzigberufene. Alles »Russische« ist gerecht, gut, wahr und göttlich. (...)
Diese rätselhafte Antinomie kann man in Rußland überall beobachten. (...) Rußland – das ist ein Land grenzenloser geistiger Freiheit, ein Land, geprägt von Wanderschaft und der Suche nach der göttlichen Wahrheit. Rußland – das ist das am wenigsten bürgerliche Land auf der Welt; es gibt dort nicht jenes behäbige Spießertum, von dem sich die Russen im Westen so abgestoßen und angewidert fühlen. (...) Der russische Mensch ist in der Lage, alles Bürgerliche mit großer, geistiger Leichtigkeit zu überwinden und sich mühelos über Gepflogenheiten und Normen hinwegzusetzen. Die Gestalt des Wanderers ist ein sehr bezeichnendes und wunderschönes Bild für Rußland. (...) Rußland – das ist ein phantastisches Land, wie geschaffen für geistige Höhenflüge, für Selbstgeißelung und Selbstverbrennung, das ist das Land von Kondratij Seliwanow und Grigorij Rasputin, das Land der Usurpatoren und der Pugatschowerei. Die russische Seele kann nicht an einem Ort verweilen, sie ist keine seßhafte Spießerseele. (...) Sie ist ständig

erfüllt mit Trauer über den Kummer und das Leid ihres Volkes und der ganzen Welt, und ihre Qual kennt keinen Trost. Diese Seele versenkt sich völlig in die Suche nach Antworten auf die verfluchten, letzten Fragen nach dem Sinn des Lebens. Etwas Aufrührerisches, Aufsässiges liegt in der russischen Seele, eine gewisse Rastlosigkeit, etwas, das durch Kurzlebiges, Mittelmäßiges, Konventionelles nicht zufriedengestellt werden kann. (. . .)
Und hier die Kehrseite: Rußland – das ist ein Land von beispielloser Servilität, ein Land, das bar jeden Bewußtseins für die Rechte des Einzelnen ist und die Würde des Individuums nicht zu verteidigen weiß, ein träges, konservatives Land, in dem das religiöse Leben vom Staat unterdrückt wird, ein Land althergebrachter Gepflogenheiten, geprägt von fettleibiger Unbeweglichkeit. (. . .) Es ist so gut wie unmöglich, Rußland von der Stelle zu bringen, so schwerfällig, träge und faul ist es. Untrennbar mit der Materie verhaftet, fügt es sich in sein Dasein. (. . .) Überall wird der Einzelne von der monolithischen Gemeinschaft unterdrückt.

NIKOLAI BERDIAJEW, 1918

DIE BESTEN WAFFEN wird dir Rußland geben
Dein bester Schirm ist deines Volkes Herz
Rußland wird nur durch Rußland überwunden.

FRIEDRICH SCHILLER, 1805

ÜBER TOLSTOJ UND DAS ALTE RUSSLAND

Stets hat Lew Tolstoj die Unsterblichkeit im Jenseits gepriesen, doch war sie ihm im Diesseits lieber. Ein nationaler Schriftsteller im wahrsten und umfassendsten Sinne des Wortes, verkörperte er in seiner gewaltigen Seele alle Mängel seiner Nation, alle Schäden, die uns die Folterqualen unserer Geschichte zugefügt haben; seine nebelhafte Lehre vom »Nichthandeln«, vom »Sich dem Bösen nicht widersetzen«, seine Propaganda der Passivität – dies alles ist krankhafte Gärung des vom mongolischen Fatalismus vergifteten alten russischen Blutes, das dem Westen und seiner unermüdlichen schöpferischen Arbeit, seinem hartnäckigen, aktiven Widerstand gegen das Böse im Leben geradezu chemisch feindlich ist. Das, was man »Tolstojs Anarchismus« nennt, ist seinem Wesen, seinen Wurzeln nach lediglich der Ausdruck eines gleichfalls echt nationalen Zuges – nämlich unserer slawischen Staatsfeindlichkeit, des uns von uralters her in Fleisch und Blut übergegangenen Triebes, uns nach allen Seiten hin zu zerstreuen und jeder für sich zu leben. Bis auf den heutigen Tag frönen wir diesem Triebe. Alle wissen es und streben doch nach allen Richtungen auseinander, immer nach dem Prinzip des geringsten Widerstandes, alle sehen, daß dies zum Verhängnis wird, und kriechen doch immer weiter voneinander fort. Diese traurigen Wanderungen, die denen der Schaben gleichen, werden dann als »Geschichte Rußlands« bezeichnet – als die Geschichte eines Staates, der eigentlich beinahe zufällig, rein mechanisch entstanden ist, zum großen Staunen der Mehrzahl seiner ehrlich denkenden Bürger – durch die Kräfte der Waräger, Tataren, Ostseedeutschen und – der Polizeiaufseher. Zu ihrem Staunen – denn wir »zerstreuten« uns immer weiter; erst als wir in Gegenden angelangt waren, wie sie schlimmer nicht zu finden waren, wo es überhaupt nicht mehr weiterging – erst dann machten wir halt, um seßhaft zu werden. Das ist nun einmal unser Los, unser Schicksal: in Schnee und Sümpfen zu hausen, als Nachbarn aller möglichen wilden Völkerstämme. Es erstanden jedoch Männer, die begriffen, daß wir das Licht nicht von Osten, sondern von Westen empfangen werden, er aber, der Vollender unserer alten Geschichte, wälzt sich, bewußt und unbewußt, als ein hoher Berg über den Weg zum täglichen Leben, das vom Menschen gebieterisch höchste Anspannung aller geistigen Kräfte fordert. Seine Einstellung zu den exakten Wissenschaften endlich ist auch echt national; in ihr spiegelt sich vortrefflich der Skeptizismus des altrussischen Dorfes, der Skeptizismus der Unwissenheit, wider. Alles an ihm ist national, seine ganze Lehre ist eine Reaktion der Vergangenheit, ein Atavismus, den wir schon überlebt, zu überwinden begonnen hatten.

MAXIM GORKIJ, 1910

DER GRÖSSTE VERLUST für einen Homosos [= Homo sovieticus] ist seine Loslösung vom Kollektiv. Ich bin kaum in der Lage, den Verlust meiner Verwandten und Freunde, meiner Moskauer Wohnung, meiner vorteilhaften Arbeitsstelle zu verkraften. Doch was mir Tag und Nacht die Ruhe raubt, das ist der Verlust meines Kollektivs. Nicht unbedingt meines letzten Laboratoriums oder meines vorletzten Instituts, sondern unseres (meines) Kollektivs als solchem. Die Einbeziehung in das Leben des Kollektivs in fast jeder wichtigen und nichtigen Hinsicht – das ist die Grundlage unserer Psychologie. Die Seele des Homosos liegt in seinem Anschluß an das kollektive Leben.

Selbst die ideologische Bearbeitung, die bei uns Protest hervorruft, ist von hier aus gesehen etwas anderes, nämlich ein Mittel zur Einbeziehung des Individuums in das Leben des Kollektivs. Die Ideologie vereinheitlicht das individuelle Bewußtsein und vereint Millionen kleiner »Ich« zu einem gewaltigen »Wir«.

Selbst ein Aufstand gegen die Sowjetgesellschaft ist ein Phänomen im Rahmen des Kollektivismus. Er ist gewöhnlich eine Revolte innerhalb des Kollektivs und nicht, um sich von ihm zu trennen. Das wirksamste Mittel im Kampf gegen Aufrührer in dieser Gesellschaft ist ihr Ausschluß aus dem Kollektiv. Ausgestoßen aus dem gewohnten Kollektiv, erweisen sie sich als unfähig, stabile und kontinuierliche Kollektive aufzubauen, und zwar weniger aufgrund von Verboten oder Repressionen seitens der Obrigkeit, als ganz einfach wegen mangelnder Voraussetzungen für ein normales Leben im Kollektiv. In einem illegalen Kollektiv bekommt man kein Gehalt, kann man weder Karriere machen noch seine Qualifikation steigern, noch seine Wohnverhältnisse verbessern, mit einem Wort, man erfährt nicht all das Positive, das einem das normale Sowjetkollektiv bietet, und hat dafür in Hülle und Fülle all das Negative, das jedes x-beliebige Kollektiv zu bieten hat.

ALEXANDER SINOWJEW, 1981

UND DANN die Empfindung, daß der Baumreichtum, der Holzreichtum des altrussischen Reiches eine Beziehung zum Volksgeist und zum Charakter unserer Geschichte hat, in Farbe und Beschaffenheit – die Verbindung von eckig und rund, warme körperliche Stofflichkeit, allerdings nicht sehr langlebig, splitternd, bis aufs Fundament, bis aufs kahle Feld niederbrennend und wieder nachwachsend wie Gras; verglichen mit dem Stein des europäischen Mittelalters rückt unser holzgezimmertes Altertum in die Nähe des lebendigen Leibes, ist formloser und weniger zuverlässig, schlecht erhalten, nie ums Bewahren besorgt, voller Lücken, verschwommener Ideen, neuer Anfänge, immer ganz von vorne beginnend, selbst auf dem alten Platz. Da sind verfließende Umrisse, nur hie und da ragen mitten in dem Ozean von Holzbalken die steinernen Inseln der Dome empor, Iwan der Schreckliche und Nil Sorski mitten in den unartikulierten Liedern, da ist das Gesicht, ziemlich amorph, unbestimmt, bereit, die erste beste Form anzunehmen, ungehobelt und zart, verträumt und stumpf, nicht deutlich – denken wir dagegen an den Kaukasus, geprägtes Metall, strenge Konturen der Berge und ihrer Bewohner, Habichtsnasen, die Spitzen von Schnurrbart und Augenbraue, scharfe Gewürze, Paprika; und unser Essen, holzhaft, die Kascha, die man nicht verderben kann, die alles aufnimmt, alles aufsaugt, Finnen, Griechen, Tataren, Waräger, französisches Argot, Petersburg zergehen darin wie ein Klumpen Butter. Wir aber büßen unsere Unförmigkeit nicht ein, pfeifen auf die Reinheit des Blutes, verdauen alles, was kommt, die Kartoffelnase bleibt, die hohen

Backenknochen bleiben, es wird schon gehen, irgendwie, Sokrates in Bastschuhen, der Weise im Narren, auch unsere Schönheit, verwittertes Holz, dein fließendes, unter dem Blick verschwimmendes Gesicht, wie eine Landschaft, grauschimmerndes Holz vor dem Hintergrund eines matten Himmels.

ABRAM TERZ, 1973

DIE AHNUNG der Katastrophe wurde den hervorragendsten russischen Menschen im 19. und 20. Jahrhundert geradezu zur Grundlage ihrer Weltanschauung und ihres Lebensgefühls.

NIKOLAI BERDIAJEW, 1937

HEIMATLAND

Für V. P. Sventickij

Derselbe Tau, dieselben Böschungen und Nebel, / über dem Steppengras roter Sonnenaufgang, / erkaltendes Rauschen des Feldes, / hungerndes, armes Volk;

und in Sorglosigkeit, in Freiheit – die Unfreiheit; / und unser rauhes bleiernes Land / schleudert uns zu vom kalten Feld, / schickt uns den Schrei: »Stirb –

wie alle andern sterben . . .« Du atmest nicht, / hörst nicht die todbringenden Drohungen: – / du hörst ausweglose Litaneien / von Schluchzen, von Klagen, von Tränen.

Dieselben Litaneien trägt der Wind daher; / dieselben Schwärme unersättlicher Tode / schwingen über den Böschungen die Sensen, / mähen über den Böschungen Menschen nieder.

Verhängnisvolles, eisiges Land, / vom eisernen Schicksal verfluchtes – / Mutter Rußland, o böses Heimatland, / wer hat mit dir seinen Spott getrieben?

ANDREJ BELYJ, 1908

DIE RUSSISCHEN KÜNSTLER ... zweifelten niemals daran, daß Rußland ein großes Schiff ist, dem eine große Fahrt bevorsteht. Ebensowenig wie die Volksseele, die sie genährt hatte, zeichneten auch sie sich durch Bedachtsamkeit, Mäßigung und Exaktheit aus: »Was immer mit Verderben dräut«, es erfüllte auch sie »mit unerklärlich süßen Wonnen« (Puschkin). Das Gefühl, ein Mißgeschick erleiden zu können und das Morgen nicht zu kennen, war ihr ständiger Begleiter. Ebenso wie für das Volk in seinen tiefsten Träumen gab es auch für sie nur das *Alles oder Nichts*. Sie wußten, daß es nur lohnte, an das Schöne zu denken, obgleich »das Schöne mit Mühe nur zu schauen« ist, wie Plato lehrte.

Die großen russischen Künstler – Puschkin, Gogol, Dostojewski, Tolstoi – versenkten sich in die Finsternis, aber sie besaßen die Kraft, in dieser Finsternis auszuharren und zu wirken, denn sie glaubten an das Licht. Sie kannten das Licht. Ebenso wie das ganze Volk, das sie unter dem Herzen trugen, knirschten sie in der Finsternis mit den Zähnen – vor Verzweiflung, oft auch vor Wut. Aber sie wußten, daß früher oder später *alles sich wandeln* würde, weil das *Leben herrlich* ist.

ALEXANDER BLOK, 1918

NITSCHEWO! . . . Das ist sicher das Wort, das im Munde der Russen am häufigsten wiederkehrt. Jeden Augenblick, bei jeder Gelegenheit hört man sie mit einer sorglosen oder verzichtenden Gebärde sagen: *Nitschewo!* »Das macht nichts! Das ist von gar keiner Wichtigkeit!« Der Ausdruck ist so gebräuchlich, so verbreitet, daß man gezwungen ist, einen Zug des nationalen Charakters darin zu erkennen.

Jederzeit hat es Epikuräer und Skeptiker gegeben, welche die Eitelkeit aller menschlichen Bemühungen ausgerufen, welche sich sogar an den Gedanken der allgemeinen Illusion ergötzt haben. Ob es sich nun um Macht oder Sinnesfreude, um Reichtum oder Lust handelt, ermangelte Lukrez niemals, den Ausspruch fallen zu lassen: *Ne quicquam!* »Das alles ist so eitel!« Der Sinn des russischen *Nitschewo* ist sehr verschieden. Diese bündige Art, den Gegenstand einer Begierde herabzuwürdigen oder die Vergeblichkeit eines Unternehmens im vorhinein festzustellen, ist gewöhnlich nur eine Ausrede, die man sich selber gibt, um in seinen Bemühungen nicht auszuharren.

MAURICE PALÉOLOGUE, 1922

DER russische Mensch liebt das Vielleicht,
das Ungefähr und das Irgendwie.

RUSSISCHES SPRICHWORT

RUS

Du, ungewöhnlich selbst in Träumen,
Ich will nicht rühren an dein Kleid.
Du schlummerst, Rußland, im Geheimen,
In meinem Traum in Ewigkeit.

O Land, von Flüssen rings umgeben,
Von dunklem Walddickicht umkränzt,
Wo Kraniche in Sümpfen leben,
Und matt der Blick des Zaubrers glänzt,

Wo viel verschiedne Völkerstämme
Von einem Tal zum andern ziehn,
Und nachts im Reigen tanzend lärmen,
Wenn brennend rings die Dörfer glühn.

Wo auf dem Ackerland die Pflanzen
Von Zauberern verwunschen sind,
Am Weg mit Teufeln Hexen tanzen,
Wenn Schnee sich türmt im Wirbelwind.

Wo die Behausung bis zum Dache
Der Wirbelsturm mit Schnee besetzt,
Und wo das Mädchen, wild auf Rache,
Tief unterm Schnee die Klinge wetzt.

Wo alle Kreuzungen und Wege
Vom Pilgerstab gezeichnet sind,
Und pfeifend durch entblößte Stäbe
Der Sturm von alten Sagen singt . . .

So hab' ich dich im Schlaf gesehen,
Mein Heimatland, verarmt und schlecht,
Und meine arme, nackte Seele
In deinem Lumpenkleid versteckt.

Ich hab' den düstern Pfad beschritten
Zum Dorffriedhof in mancher Nacht,
Und habe bei den Gräbern singend
So viele Stunden zugebracht.

Ich wußte selbst nicht, wem sie galten,
Die vielen Lieder, die ich schrieb,
An welchen Gott ich sollt' mich halten,
In welches Mädchen ich verliebt.

Du, Rußland, wiegtest meine Seele
In deinen freien Weiten ein.
Und makellos in ihrer Helle,
War sie noch immer strahlend rein.

In meinem Schlummer, im Geheimen,
Schläfst, Rußland, du in Ewigkeit.
Bist ungewöhnlich selbst in Träumen.
Ich will nicht rühren an dein Kleid.

ALEXANDER BLOK, 1906

II.

DIE WEITE!
WELCHE TRAURIGKEIT!

Fjodor Sologub, 1903

RUSSLAND! Mein Reußenland! Ich sehe dich! Bin ich gleich fern von dir auf fremder Wunderflur – ich sehe dich! Arm, locker nur besiedelt, ungastlich schaust du drein. Da schrecken und ergötzen unsern Blick nicht kühne Wunder der Natur, bekrönt von kühnen Wundern hoher Kunst, auch Städte nicht mit fensterreichen, schimmernden Palästen (. . .) So flach und steppenöde liegst du da, mein Reußenland. Gleich winzigen Maulwurfshaufen, kaum sichtbar heben sich die niederen Städte aus deiner weiten Ebenen Einerlei. Kein holder Zauber schmeichelt hier den Sinnen. Und dennoch, welche unergründlich geheimnisvolle Kraft zieht mich zu dir? Warum tönt immerfort dein Sang in meinem Ohr, der wehmutvolle Sang, der überall ob deinen Weiten klingt, so lang du bist so breit du bist, von Meer zu Meer? Was will der Sang? Was sagt er mir? Er lockt, er schluchzt, er packt mich tief. Es dringen seine Töne mit weher Zärtlichkeit in meine Seele und schlagen Fesseln um mein Herz. Rußland! Mein Reußenland! Was forderst du von mir? (. . .) Was kündet diese ungeheure Weite? Soll hier, auf deinem heiligen Boden, dereinst der Gedanke auferstehen, der keine Grenzen kennt, wie du kein Ende hast, mein Reußenland?

NIKOLAI GOGOL, 1841

SEINER SEELISCHEN STRUKTUR nach gehört das russische Volk dem Orient an. Rußland ist christianisierter Osten, der in den letzten zwei Jahrhunderten starken Einflüssen des Westens ausgesetzt war und dessen höhere Kulturschicht westliche Ideen in sich aufgenommen hatte. Das historische Los des russischen Volkes war unglücklich und reich an Leiden. Seine Geschichte ist erfüllt von Erschütterungen, Katastrophen und plötzlichen Wandlungen im Grundcharakter der dem Land eigenen Zivilisation.

Im Gegensatz zu den Anschauungen der Slawophilen kann ich in der russischen Geschichte eine einheitliche, organische Entwicklung nicht feststellen. Zu gewaltig war der geographische Raum, von dem das russische Volk Besitz ergreifen mußte; zu groß war die Gefahr sowohl der tartarischen Invasionen, vor denen es den Westen bewahrt hat, als auch die Gefahr seitens des Westens selbst (...)

In der Seele des russischen Volkes aber waltet zugleich auch ein starkes naturhaftes Element, das mit der Unendlichkeit der russischen Erde, mit der Grenzenlosigkeit der russischen Ebene verbunden ist. Die »Natur« als elementare Urkraft erreichte in der russischen Seele eine Macht, wie sie den westeuropäischen Menschen, besonders den Menschen der formvollendeten lateinischen Kultur, nie bekannt war. Dieses natürlich-heidnische Element ist auch in das russische Christentum eingedrungen. Der Typus des russischen Menschen wird somit durch den Gegensatz zwischen den beiden Urelementen bestimmt: durch das ursprüngliche natürliche Heidentum, durch die elementare Kraft der russischen Erde auf der einen und durch das

Streben nach dem Jenseits und durch den mit diesem Streben verbundenen, von Byzanz übernommenen und spezifisch russisch gefärbten Asketismus auf der anderen Seite.
Eine unendlich schwierige Aufgabe steht vor dem russischen Menschen: die der Gestaltung seines unermeßlichen Reiches. Die Landschaft der russischen Seele entspricht der Landschaft der russischen Erde. Hier wie dort dieselbe Grenzenlosigkeit, dieselbe Weite und derselbe Drang in die Unendlichkeit. (...) Fast könnte man sagen, daß das russische Volk der Unermeßlichkeit seiner Erde und deren elementaren Urkräften zum Opfer gefallen ist. Nur mit großer Mühe gelang ihm der Prozeß der Formung und Gestaltung; und eben darum scheint es, als wäre die Gestaltungskraft der russischen Seele gering. Die russischen Historiker sehen im despotischen Charakter des russischen Staates das Ergebnis der Notwendigkeit, die weite russische Ebene in Form zu bringen. *Klintschewsky*, der hervorragendste russische Historiker, hat einmal die Bemerkung gemacht: der Staat schwoll an, das Volk aber siechte dahin.

NIKOLAI BERDIAJEW, 1937

RUSSLAND

Und wieder, wie in goldnen Jahren,
Sind drei Geschirre abgenutzt.
Das bunte Rad ist festgefahren,
Versunken tief im Schlamm und Schmutz . . .

O Rußland, Rußland, arm und elend!
Vertraute Lieder singt dein Wind,
Wo graue Hütten in der Ferne
Mir erste Liebestränen sind.

Ich kann und will dich nicht beklagen,
Behutsam trage ich mein Kreuz . . .
Darfst dich den Zaubern nicht versagen,
Gib hin die Schönheit, ohne Geiz!

Man mag dich locken und betrügen –
Doch du lebst weiter, du stirbst nicht.
Von deinen wunderschönen Zügen
Bannt nur die Bitternis das Licht . . .

Was soll's? Nur eine Sorgenträne –
Verlorn im Fluß, der schäumt und rauscht.
Doch du bist ewig – Felder, Wälder,
Ein buntes Tuch, das hoch sich bauscht . . .

Und das Unmögliche wird möglich,
Die lange Reise ist mir leicht,
Wenn, in der Ferne funkelnd, plötzlich
Ein Blick sich hinterm Tuche zeigt,
Wenn, voll gefangner Trauer, sehnlich
Das Lied des Kutschers klagt und weint . . .

ALEXANDER BLOK, 1908

DER WAGEN saust mit mir dahin. Mein Kutscher singt ein Lied, eine jener vielen wehmütigen Weisen. Wer die russischen Volkslieder kennt, muß zugeben, daß sie alle auf Herzeleid hindeuten. Fast alle Weisen dieser Lieder erklingen in weicher Tonart. Nach jener musikalischen Eigenheit des Volksgehörs sollte sich die Regierungsweise richten. Hier zeigt sich doch, wie die Seele unseres Volkes beschaffen ist.

Sieh dir den russischen Menschen an, du wirst finden, daß er versonnen und nachdenklich ist. Wenn er die bösen Gedanken vertreiben, oder, wie er selbst sagt, »sich vergnügen« möchte, so geht er in die Schenke. In seiner Ausgelassenheit ist er heftig, kühn und streitbar. Wenn etwas nicht nach seinem Kopf geht, neigt er schnell zu Zank und Schlägerei. Der Burlak, der mit gesenktem Haupte die Schenke betritt und blutig von den ihm zuteil gewordenen Schlägen wieder heimkehrt, könnte manches Rätsel lösen, das uns die russische Geschichte in ihrem bisherigen Verlaufe aufgab.

ALEXANDER RADISTSCHEW, 1790

SCHNEE FIEL auch erst im Januar
Am dritten nachts. Als in der Frühe
Tatjana munter wurde, siehe,
War Hof und Garten weit und breit,
Der Zaun, die Dächer tief verschneit,
Am Fenster prangten Blumensterne,
Die Bäume standen silberschwer,
Es schwirrten Elstern froh umher,
Und alle Höhen in der Ferne
Bedeckte flimmernd Schnee und Eis.
Ringsum ein einzig blendend Weiß.

Winter . . .! Der Landmann hat im Schlitten
Nun wieder herrlich freie Bahn;
Sein Rößlein stampft mit kurzen Tritten,
Die Nüstern blähend, durch den Plan.
Wie prächtig die Kibitka drüben
Dahinsaust, daß die Flocken stieben;
Der Kutscher, der die Zügel führt,
Im Pelz, mit rotem Gurt umschnürt.
Ein kleiner Schelm tollt ausgelassen
Mit seinem Schlittchen vor der Tür:
Der Hofhund spielt den Passagier,
Und er das Pferdchen, macht Grimassen
Und friert und jauchzt, die Wangen rot,
Und merkt kaum, wie ihm Mutter droht.

ALEXANDER PUSCHKIN, 1831

IN RUSSLAND giebt es keine Entfernungen, sagen die Russen und die Reisenden sprechen es nach. Ich glaubte es auch, aber die unbequeme Erfahrung nöthiget mich, gerade das Gegentheil zu behaupten. In Rußland ist Alles Entfernung; es giebt in diesen unabsehbaren öden Ebenen nichts weiter; zwei oder drei interessante Punkte sind durch unermeßliche Räume von einander getrennt. Diese Zwischenräume sind Einöden ohne malerische Schönheiten; die Poststraße vernichtet die Poesie der Steppe und es bleibt nichts übrig als die Ausdehnung des Raumes, die Langeweile und die Unfruchtbarkeit. Alles ist kahl und arm, keineswegs imposant wie ein durch seine Bewohner berühmt gewordener Boden, wie Griechenland und Judäa, die durch die Geschichte verwüstet und das poetische Grab der Nationen wurden; eben so wenig ist es grandios wie eine Urnatur, sondern häßlich, eine bald dürre, bald sumpfige Ebene. Nur diese beiden Arten von Unfruchtbarkeit bilden die Verschiedenartigkeit der Landschaften.

ASTOLPHE DE CUSTINE, 1839

DOCH KURZ NUR währt des Sommers Frist:
Der bleiche Herbst erscheint, und klagend,
Mit letztem Gold von Hain und Flur
Geschmückt als Opfer, stirbt Natur . . .
Schon faucht und wettert, Wolken jagend,
Der Nordwind – bis auf eis'gem Pfad
Im Zauberkleid der Winter naht.

Er kommt und streut im Flockentanze
Sein glitzernd Weiß auf Busch und Baum,
Deckt rings die Höhn in lichtem Kranze,
Die Flur mit wellig weichem Flaum,
Und wandelt Wiesengrund und Bäche
In eine spiegelglatte Fläche;
Es blinkt der Frost. O Winterszeit,
Wir freun uns deiner Herrlichkeit!

ALEXANDER PUSCHKIN, 1831

MAN WIRFT den Russen ihren Mangel an Voraussicht vor. Tatsächlich widerfährt es ihnen fortwährend, daß sie durch die Folgen ihrer Handlungen überrascht werden, daß sie sich in Sackgassen verrennen, daß sie sich an der harten Logik der Tatsachen wundstoßen. Dessenungeachtet kann man nicht behaupten, daß sie nicht um die Zukunft besorgt wären, sie denken im Gegenteil sehr viel daran, aber ohne sie vorauszusehen, weil sie sie überhaupt nicht sehen. Ihre Einbildungskraft ist so gestaltet, daß sie Umrisse niemals zeichnet und genau feststellt; sie gefällt sich nur in fernen, fliehenden Horizonten, in verschwommenen, verschleierten, unbestimmten Ausblicken. Ob die Wirklichkeit nun gegenwärtig oder zukünftig ist, immer erscheint sie ihnen nur in traumhaftes Dunkel gehüllt. Auch daran erkenne ich den Einfluß des Klimas und der geographischen Lage. Wenn man im Schlitten auf der Steppe dahinsaust und einen der Schnee von allen Seiten umhüllt, wie würde man da nicht immer herumirren, da man nichts mehr vor sich unterscheidet?

MAURICE PALÉOLOGUE, 1922

DER MENSCH wird wie sein Land. Woher soll hier, wo alles in das Öde übergeht, das Kühne und Freudige kommen?

ERNST MORITZ ARNDT

UND GIBT ES einen Russen, der solch eine schnelle Fahrt nicht liebte? Oh, wie sollte er sie auch nicht lieben – er, der Russe, dessen Seele sich so gern dem Taumel tollen Überschwanges hingibt, er, der Russe, der so gern zu guter Stunde sagt: »Was kann das schlechte Leben nützen! Hol der Teufel schon, was morgen kommt!« Wie sollte er sie auch nicht lieben, da sie das Herz so wundervoll berauscht? Ist's doch, als höbe dich die göttliche Gewalt auf ihre Flügel – du fliegst und alles fliegt: Werstpfähle fliegen schattenhaft an dir vorbei, entgegen fliegen dir die Handelsleute hoch auf dem Bock der kleinen Bauernwagen, zur Rechten wie zur Linken fliegt der Wald zurück mit seinen dunkeln Zeilen von Kiefern und von Tannen, mit Axtgeklopf und Rabenkrächzen, die Straße selbst fliegt rückwärts unter deines Wagens Rädern, wer weiß wohin, ins Wesenlose; ein Schauer packt dich vor der rasenden Bewegung, bei der kein Ding zu fester Form gerinnt – so schnell huscht es vorbei und ist entschwunden. (. . .)
Ach, Troika, mein flinker Vogel Dreigespann! Wer ist's, der dich erfand? Aus einem kühnen, wachen Volk nur konntest du geboren werden – in einem Land, das keinen Spaß versteht, das seine grenzenlose Ebene glatt und gleich über die halbe Erde reckt. (. . .) Mein Reußenland, stürmst nicht auch du so in die Ferne, gleich einem schnellen Dreigespann, das keiner überholt? In Wolken raucht die Straße himmelwärts, die Brücken dröhnen, alles bleibt hinter dir und ist im Nu entschwunden. Mit Schreck geschlagen von dem Wunder Gottes hemmt seinen Fuß der Wanderer. War das ein Blitz, der vom Zenit sprang? Was kündet

diese herzbeklemmend schnelle Fahrt? Und welche überirdische Gewalt gießt ihre Kraft in diese Rosse, derengleichen noch nie die Erde sah? Ihr Rosse, o ihr Wunderrosse! Wohnt der Sturm in euern Mähnen? Spitzt sich ein waches Ohr in jeder eurer Adern? Ihr hört aus der Höhe den Sang, den vertrauten – einmütig stemmt ihr die ehernen Brüste in das Geschirr, kaum rühren die eilenden Hufe den Boden, nun reckt ihr die Leiber zu Strichen, zu schnurgeraden, und fliegt durch die Luft; so stürmt das Gespann die leuchtende Ferne, vom Rausch der göttlichen Sendung beflügelt!
Wohin der Fahrt, mein Reußenland? Antworte mir! – Du antwortest nicht. – Silbern klingelt das Glöcklein; laut knattert die Luft und wird vom Sturm in Fetzen gerissen; die Dinge der Erde fliegen vorbei; bang ducken zur Seite und räumen die Straße vor dir die andern Völker der Welt.

NIKOLAI GOGOL, 1841

ARMER GOGOL! Sein Ausruf (wie der Puschkinsche) »Rus!« wird bereitwillig von den Männern der sechziger Jahre wiederholt, aber jetzt braucht die Trojka gepflasterte Chausseen, denn selbst Rußlands *toska* (»Sehnsucht«) ist utilitaristisch geworden. Armer Gogol!

VLADIMIR NABOKOV, 1938

WER HAT GESAGT: alles ist bis zum Grunde verbrannt, / ihr werdet keinen Samen mehr in die Erde werfen? / Wer hat gesagt, daß die Erde gestorben ist? / Nein, sie hält nur für eine Weile den Atem an.

Ihre Mutterschaft kann man der Erde nicht nehmen, / man kann sie ihr sowenig nehmen, wie man das Meer ausschöpfen kann! / Wer hat geglaubt, daß die Erde verbrannt ist? / Nein, sie ist dunkel geworden vor Kummer.

Wie Schnitte durchkreuzen sie die Schützengräben, / und die Granattrichter klaffen wie Wunden. / Die offenliegenden Nerven der Erde / leiden nichtirdische Qualen.

Sie wird alles ertragen, alles an sich vorübergehen lassen. / Reihe die Erde nicht unter die Krüppel ein. / Wer hat gesagt, daß die Erde nicht singt, / daß sie für immer verstummt ist?

Nein, sie klingt, das Stöhnen dämpfend, / aus allen ihren Wunden, allen ihren Öffnungen. / Denn die Erde, das ist unsere Seele, / und die Seele kann man mit Stiefeln nicht zertreten.

Wer hat gesagt, daß die Erde gestorben ist? / Nein! Sie hält nur für eine Weile den Atem an.

WLADIMIR WYSOTZKIJ, 1978

III.

DOCH NIEMAND AUF DER WELT IST TRÄNENLOSER, HOCHMÜTIGER UND EINFACHER ALS WIR.

Anna Achmatowa, 1922

MAN BRAUCHT [die »ewigen Fragen«] nur ein wenig umzuformulieren, und schon zeigt sich, wie leer und überflüssig sie sind. So stellt sich beispielsweise die ewige Frage »Sein oder Nichtsein?« für einen Russen in der Form »Einen rein oder nicht rein?«, wobei es nur eine Antwort geben kann: einen rein, natürlich! Immer nur rein in die Gurgel. Und dann noch einen. Und noch einen. Und dann das Ganze wieder von vorn. Diese existenzielle Frage Numero eins läßt sich auf russisch auch noch anders formulieren, nämlich: »Eine rein oder nicht rein?« Und wieder kann es nur eine Antwort geben: eine rein, was denn sonst! Und meistens direkt in die Visage. Der Westen kann das selbstverständlich nicht verstehen, da sich russische Fragen nun mal nicht in westliche Sprachen übertragen lassen: der romantische Anstrich und die psychologische Tiefe gehen dabei verloren.

ALEXANDER SINOWJEW, 1981

ANGENEHME KÜHLE liebt die Seele,
doch der Leib das Dampfbad.

Die Seele christlich,
aber's Gewissen zigeunerhaft.

WLADIMIR DAL, 1862

ES IST VOR ALLEM die Verachtung jeden Maßes in allen Dingen (diese Verachtung ist aber wohlgemerkt fast immer eine vorübergehende Erscheinung, gleichsam ein Blendwerk des Teufels). Es ist das Bedürfnis, über die Schnur zu hauen, das Bedürfnis nach einer herzbeklemmenden Situation: sich mit dem Oberkörper über den Rand eines Abgrundes zu beugen, in die Untiefe zu blicken und – in einigen gar nicht seltenen Einzelfällen – sich wie ein Wahnsinniger kopfüber in den Abgrund zu stürzen. Es ist das Bedürfnis eines Menschen, zuweilen auch eines, der sonst nichts leugnet und die Ehrfurcht kennt, das größte Heiligtum seines Herzens, sein vollständigstes Ideal, das ganze Volksheiligtum in seiner ganzen Fülle zu leugnen, das Heiligtum, vor dem er soeben in Andacht erschauerte und das ihm plötzlich gleichsam zu einem unerträglichen Joche geworden ist. Am erstaunlichsten ist die Hast, mit der sich der Russe in gewissen besonderen Augenblicken seines persönlichen Lebens oder des Lebens des ganzen Volkes beeilt, sich in gutem oder gemeinem Lichte zu zeigen. Manchmal kennt er dabei keine Schranken. Ganz gleich, ob in der Liebe, im Rausche, im Bummel, Ehrgeiz oder Neid – mancher Russe gibt sich immer restlos der Leidenschaft hin und ist bereit, alle Bande zu zerreißen und sich von allem loszusagen: von der Familie, von der Sitte, von Gott. Der beste Mensch kann zuweilen plötzlich zu einem Scheusal, zu einem Verbrecher werden, wenn er in diesen Wirbel hineingerät, in diese für uns verhängnisvolle Raserei krampfhafter und plötzlicher Selbstverleugnung und Selbstzerstörung, die dem russischen Volkscharakter in manchen verhängnisvollen Lebenslagen so sehr eigen ist. Doch mit ebensolcher Kraft, mit ebensolcher Hast, mit ebensolchem Verlangen nach Rettung und Buße kann sich der einzelne Russe, wie auch das ganze Volk, selbst retten, und zwar meistens in dem Augenblick, wo der letzte Strich erreicht ist, d. h., wenn es kein Weiter mehr gibt. Besonders charakteristisch ist dabei, daß der Rückschlag zur Wiederherstellung und Selbstrettung immer ernster ist als die erste ungestüme Regung. (. . .)

Ich glaube, das wichtigste, das wesentlichste geistige Bedürfnis des russischen Volkes ist das Bedürfnis, immer und unaufhörlich, überall und in allem zu leiden. Mit diesem Lechzen nach Leid scheint es von jeher infiziert zu sein. Der Strom der Leiden fließt durch seine ganze Geschichte; er kommt nicht nur von äußeren Schicksalsschlägen, sondern entspringt der Tiefe des Volksherzens. Das russische Volk hat selbst in seinem Glücke stets einen Tropfen Leid; sonst ist ihm das Glück nicht vollständig. Niemals, auch nicht in den feierlichsten Augenblicken seiner Geschichte, zeigt es ein stolzes und triumphierendes Gesicht, sondern immer nur ein bis zum Leid gerührtes; es seufzt und schreibt seinen Ruhm der Gnade Gottes zu. Das russische Volk findet in seinen Leiden gleichsam Genuß.

FJODOR M. DOSTOJEWSKIJ, 1873

DIES EREIGNIS – die Preisgebung und Einäscherung Moskaus, war nach dem Tage von Borodino ebenso unvermeidlich, wie der Rückzug unserer Truppen, ohne daß sie eine weitere Schlacht geliefert hätten. Jeder Russe hätte das, was geschah, vorher sagen können; nicht auf Grund von Schlußfolgerungen, sondern auf Grund des Gefühls, das in uns liegt und auch in unseren Vätern gelegen hat.

Von Smolensk ab vollzog sich in allen Städten und Dörfern Rußlands, ohne den Einfluß des Grafen Rostoptschin und seiner Flugblätter, dasselbe, was später in Moskau geschah. Sorglos erwartete das Volk die Ankunft des Feindes; empörte sich nicht, tobte nicht, riß niemand in Stücke, sondern blickte seinem Schicksal ruhig entgegen, weil es die Kraft in sich fühlte, im äußersten Augenblicke das zu finden, was geschehen mußte. Und als der Feind sich näherte, entfernten sich die reichen Elemente der Bevölkerung, indem sie ihr Hab und Gut zurück ließen; die Armen aber blieben da und verbrannten und vernichteten, was zurückgeblieben war.

Das Bewußtsein, daß dies geschehen mußte und immer wieder geschehen würde, lag und liegt im Herzen jedes Russen, und dieses Bewußtsein oder vielmehr das Vorgefühl, daß Moskau preisgegeben werden würde, erfüllte im Jahre 1812 die russische, die Moskauer Gesellschaft, wie das alle diejenigen ihrer Mitglieder bewiesen, die schon im Juli und Anfang August Moskau zu verlassen begannen. Diejenigen, die sich entfernten, indem sie fortschafften, was mitzunehmen war, aber ihre Häuser, die Hälfte ihres Eigentums zurückließen, handelten so unter dem Einflusse jenes verborgenen – latenten – Patriotismus, der sich nicht in Phrasen ausspricht, nicht durch Ermordung der Kinder oder andere unnatürliche Handlungen das Vaterland zu retten sucht, sondern der sich in einfacher Weise äußert, einfach, organisch fortwirkt und darum die größten Resultate erreicht.

»Es ist eine Schmach, vor dem Feinde zu fliehen ... nur Feiglinge verlassen Moskau!« hörte man sagen, und auch Rostoptschin erklärte in seinen Flugblättern, daß es schmachvoll sei, Moskau zu verlassen. Aber die Einwohner, obwohl sie sich schämten, zu fliehen und Feiglinge zu heißen, gingen fort, weil sie fühlten, daß es sein müsse. Warum aber gingen sie? – Es ist nicht anzunehmen, daß sie sich durch die Grausamkeiten schrecken ließen, die Napoleon in den eroberten Ländern verübt hatte. Die ersten, die davongingen, waren die Wohlhabenden, Gebildeten, die sehr gut wußten, daß Wien und Berlin nicht zerstört worden waren, und daß die Einwohner dieser Städte während der Invasion sehr vergnügt in Gesellschaft jener bezaubernden Franzosen gelebt hatten, die damals auch in Rußland, besonders von den Damen, so sehr geliebt wurden.

Aber die Einwohner Moskaus gingen fort, weil es für Russen nicht in Frage kommen konnte, ob es in Moskau unter der Herrschaft der Franzosen gut oder schlecht sein würde. Sie konnten einfach in Moskau nicht unter französischer Herrschaft existieren. Die Franzosen dort zu sehen war an und für sich unerträglich. So gingen denn die Einwohner fort; schon vor der Schlacht von Borodino und mehr noch nach der Schlacht, trotz des Aufrufs zur Verteidigung der Stadt und trotz der Bekanntmachung des Gouverneurs von Moskau, daß er die Absicht habe, die Twersche Muttergottes in Prozession herumtragen zu lassen. (. . .) Die Einwohner sagten sich selbst, die Armee müsse für sie kämpfen und, wenn *sie* nicht dazu imstande wäre, so könnten auch die Bewohner Moskaus nicht mit ihren Töchtern und ihrem Hausgesinde auf die Drei-Berge hinausziehen, um gegen Napoleon zu kämpfen, sie müßten vielmehr fortgehen, wie schwer es ihnen auch wurde, ihr Hab und Gut der Vernichtung preiszugeben. Sie gingen fort, ohne zu berechnen, welchen Eindruck es machen mußte, diese große reiche Stadt verlassen, und damit der Zerstörung preisgegeben zu sehen (denn leerstehende Häuser nicht zu demolieren und niederzubrennen, wäre mit dem Charakter des russischen Volkes unvereinbar). Die Einwohner gingen, und es war infolge ihrer Entfernung, daß sich jenes erhabene Ereignis vollzog, welches auf immer der beste Ruhm des russischen Volkes bleiben wird. Jene Dame, die sich schon im Juni mit ihren Mohren und Hausnarren auf den Weg machte, um mit der Erklärung, daß sie keine Untertanin Bonapartes sein wolle, Moskau mit einem Ssaratowschen Dorfe zu vertauschen, obwohl sie fürchten mußte, den Befehlen des Grafen Rostoptschin zufolge mit Gewalt zurückgehalten zu werden – diese Dame gab in Wahrheit den ersten Anstoß zu jenem Ereignisse, das Rußland gerettet hat.

LEO N. TOLSTOI, 1869

SELIFAN geriet mit seinen Monologen auf immer abgelegenere Gebiete. (. . .) Nun hielt er Ausschau: der Himmel war mit Wolken schwer verhangen, dicke Regentropfen durchsprenkelten den Staub der Straße (. . .) Nun konnte aber Selifan sich nicht ums Leben mehr erinnern, ob er inzwischen zwei oder drei Feldwege vorbeigelassen hätte. Er überlegte heftig und machte in Gedanken die Fahrt noch einmal und kam auf die Weise schließlich zu der Erkenntnis, daß die Zahl der Feldwege, die er vorbeigelassen hatte, nicht mehr ganz klein sein könnte. Da aber der Russe, wenn es drauf ankommt, ein Mann der Tat ist und sich weitläufige Grübeleien spart, bog er beim nächsten Feldweg keck nach rechts, schrie munter: »Hüh, meine hochverehrten Gönner!« und jagte in vollem Galopp dahin, ohne sich groß den Kopf darüber zu zerbrechen, wo er bei diesem Unternehmen schließlich landen würde.

NIKOLAI GOGOL, 1841

UND DOCH ist das Wichtigste am russischen Menschen – daß er nichts zu verlieren hat. Daher auch die Uneigennützigkeit der russischen Intelligenz (außer dem Bücherbord). Und die Geradlinigkeit des Volkes: betrunken, für Rußland, die Brust frei! Schießt, ihr Hunde! Nicht Gastfreundschaft – Verzweiflung. Die Bereitschaft, das letzte Stück zu opfern, weil es sowieso das Letzte ist und es weiter nichts mehr gibt, Schluß, aus. Und die Leichtigkeit der Gedanken, der Urteile. Immer aus dem Vollen. Sie haben nichts angesammelt, sie haben nichts gelernt. Wer wagt es, sie zu verdammen? Sie sind ja verdammt.

Die Trunkenheit ist unser größtes nationales Laster, ja mehr – unsere fixe Idee. Nicht aus Not und nicht aus Kummer trinkt das russische Volk, sondern aus einem uralten Bedürfnis nach dem Wunderbaren und Außerordentlichen, es trinkt, wenn Sie so wollen, mystisch, bemüht, die Seele aus dem irdischen Gleichgewicht zu bringen und sie in den wohligen körperlosen Zustand zurückzuversetzen. Wodka ist die weiße Magie des russischen Bauern, er zieht sie entschieden der schwarzen Magie – dem weiblichen Geschlecht – vor. Der Frauenheld, der Liebhaber nimmt die Züge des Ausländers an, des Deutschen (der Teufel bei Gogol), des Franzosen, des Juden. Wir dagegen, wir Russen, geben für eine Flasche Wodka jede beliebige Schönheit her (Stenka Rasin).

Im Bunde mit der Dieberei (Fehlen des festen Glaubens an realgegenständliche Bindungen) verleiht die Trunkenheit uns eine ungenierte Zügellosigkeit und bringt uns unter den anderen Völkern in die verdächtige Situation des Lumpen. Sobald die »ewigen

Festen«, die ständische Hierarchie, zusammenbrachen und durch eine amorphe Gleichheit ersetzt wurden, ist diese Gaunernatur des russischen Menschen an die Oberfläche gekommen. Wir sind jetzt alle Gauner (wer von uns fühlt in seiner Seele und in seinem Schicksal nicht irgend etwas Betrügerisches?). Das gibt uns gegenüber dem Westen unbestreitbare Vorzüge und verleiht zu gleicher Zeit dem Leben und den Bemühungen der Nation den Stempel der Unbeständigkeit, der leichtsinnigen Verantwortungslosigkeit. Wir sind imstande, Europa zu klauen oder eine interessante Häresie hineinzublasen, aber eine Kultur zu schaffen, dazu sind wir einfach nicht imstande. Von uns kann man wie von einem Dieb, wie von einem Säufer alles mögliche erwarten. Uns kann man leicht herumstoßen, mit administrativen Maßnahmen regieren (der Trunkene ist träge, nicht fähig, sich selbst zu lenken, er läßt sich leicht mitschleppen). Und zu gleicher Zeit – wie schwierig ist es, mit diesem schwankenden Volk fertig zu werden, wie müssen sich unsere Administratoren mit uns quälen!

ABRAM TERZ, 1968

IN EUROPA gibt es leichtsinnige Demokratien mit mildem Klima, in denen ein intelligenter Mensch im Lauf seines Lebens von der Bohrmaschine ans Steuer eines Citroëns flattert, vom Computer an die Theke eines Espressos, vom Dirigentenpult ins Schlafzimmer einer schönen Frau, und wo Literatur fast ebenso erlesen, anregend und nützlich ist wie eine Silberschale mit Austern, die auf braunem, mit Eis überstreutem Seetang angerichtet sind.
Rußland mit seinen sechs Monaten Winter, mit seinem Zarismus, Marxismus und Stalinismus, ist nicht so. Wir brauchen ein schwergewichtiges masochistisches Problem, in dem wir mit einem müden, gequälten, nicht sehr sauberen, aber ehrlichen Finger herumstochern können. Wir brauchen das, wir sind daran nicht schuld.
Nicht schuld daran? Wirklich nicht? Und wer hat sich dem Volk entfremdet, wer hat sich dem Volk angebiedert, wer ist fett geworden vom Volk, wer hat die Tataren in die Städte hereingelassen, wer hat die Warägerfürsten gerufen, wer hat sich gegen Europa verbündet, wer hat sich gegen Europa abgegrenzt, wer hat wie wahnsinnig gegen die Staatsmacht gekämpft, wer hat sich gehorsam dummen Diktatoren untergeordnet? All das haben wir getan – die russische Intelligenz.

WASSILIJ AXJONOW, 1975

ZWEIFEL sind unsere Staats- (nicht National-)eigenschaft. Sie hindern uns daran, eine Sache in Angriff zu nehmen, und wenn wir sie dann in Angriff genommen haben, hindern sie uns, sie ordentlich durch- und zu Ende zu führen, und wenn wir schließlich damit am Ende angelangt sind, hindern sie uns daran, rechtzeitig Schluß zu machen. Deshalb streben wir beispielsweise nach dem Indischen Ozean, bleiben auf halbem Wege in Afghanistan stecken und tun so, als wollten wir dem Ränkespiel der amerikanischen Imperialisten ein Ende bereiten und der rechtmäßigen Regierung dabei helfen, Ordnung im Lande zu schaffen. Und machen das so großartig, daß die Ränke der Imperialisten und die Unordnung im Lande von Tag zu Tag größer werden. (. . .) Meine selige Mutter hat dreimal versucht abzutreiben, hat ein Kilo Chinin geschluckt, fünfmal die Beine in kochendes Wasser gehalten und vieles andere mehr unternommen, um zu verhindern, daß ich auf die Welt komme. Als sie dann zu der Überzeugung gelangt war, daß all ihre Bemühungen vergeblich sind, erklärte sie, es gebe kein größeres Glück auf Erden als die Mutterschaft, um danach bis zu ihrem seligen Ende unermüdlich zu wiederholen, wenn sie geahnt hätte, daß aus mir einmal ein so erbarmungsloser Egoist wird, hätte sie ganz bestimmt abgetrieben. Im übrigen hat sich inzwischen auch der Westen von unserer Krankheit anstecken lassen: er hat sich buchstäblich verzehrt in dem Verdacht, die Versprechungen (. . .) der heimtückischen Sowjetführung die Abrüstung betreffend seien völlig aufrichtig.

ALEXANDER SINOWJEW, 1981

MEINE SEELE ist aus Dreck, Zartheit und Traurigkeit gewoben. Oder anders: das sind Goldfische, die in der Sonne schimmern, die aber in einem Aquarium sitzen, das mit Jauche gefüllt ist. Und sie ersticken nicht. Sogar eher das Gegenteil.

WASSILIJ ROSANOW, 1912

MEIN MAGEN knurrt, meine Seele auch, wie es bei anderen ist, weiß ich nicht, aber bei mir befindet sich die Seele über dem Magen zwischen den Rippen. In meiner Seele brennt ununterbrochen ein rotes Lämpchen, das Signal für Gefahr.

LJUDMILA PETRUSCHEWSKAJA, 1990

IN LÄNGST VERGANGENEN ZEITEN (vor dem 17. Jahrhundert) war Rußland so reich an Äußerungen der Reue, daß diese als eine der wesentlichsten nationalen Eigenschaften erschien. Im geistigen Leben des vorpetrinischen Rußland gab es richtige Ausbrüche von Reue, eine Massenreue – man nennt es besser religiöses Sündenbekenntnis: Sie nahm ihren Ursprung im Herzen von vielen einzelnen und floß dann in einem breiten Strom zusammen. Wahrscheinlich ist dies auch der einzig mögliche Weg gemeinsamer Reue für ein ganzes Volk. Bei der Erforschung von Urkunden über das Wirtschaftsleben im alten Rußland fand Kljutschewski manche Beispiele dafür, wie russische Menschen, von Reue geleitet, Schulden und Dienstleistungen erließen, Unfreien die Freiheit gaben und dadurch die Grausamkeit gesetzlicher Vorschriften im Alltag erheblich milderten. Großzügige Stiftungen von Erblassern verminderten die Bedeutung angesammelter Reichtümer. Bekannt ist die große Zahl derer, die sich zur Sühne in Klöster und Einsiedeleien zurückzogen. Beispiele dafür bieten die Chroniken und die altrussische Literatur im Überfluß. Und die Terrorherrschaft Iwan des Schrecklichen breitete sich nicht in Stalinschen Ausmaßen aus – nicht dem Umfang und noch weniger dem methodischen Vorgehen nach –, eben vielfach wegen der immer wiederkehrenden reumütigen Selbstbesinnung des Zaren.

ALEXANDER SOLSCHENIZYN, 1973

». . . KAMERADSCHAFT ist das heiligste Band im Leben! Ich weiß: der Vater liebt sein Kind, die Mutter liebt ihr Kind, das Kind liebt Vater und Mutter; aber das kommt unserer Liebe nicht gleich, meine Brüder: seine Kinder liebt auch das Tier. Sich mit einem Blutsfremden zum Bruderbund zusammenfinden kann nur der Mensch. Wohl auch in andern Ländern gibt's Kameradschaft; aber Kameraden, wie sie die russische Erde gebiert, gibt es sonst nirgends. So mancher von euch ist mehr als einmal in die Fremde verschlagen worden und hat es wohl gesehen: auch dort wohnen Menschen, Kinder Gottes wie wir. Sie reden wie deinesgleichen; aber sollen sie dir einmal ein Wort so recht von Herzen sagen, dann siehst du gleich: ja, es sind kluge Leute, aber die Unseren sind es nicht, – Menschen wie wir, und doch die Unseren nicht. Nein, Brüder: so lieben, wie es das russische Herz versteht, – lieben nicht mit dem Hirn oder Gott weiß, womit sonst, lieben mit allem, was in uns ist, Kameraden . . .!« rief Taras; er schlug mit der Faust durch die Luft und schüttelte seinen Graukopf, sein Schnauzbart zuckte. Dann fuhr er fort: »Nein, so zu lieben versteht sonst niemand auf dieser Welt! Ich weiß wohl: es sind bei uns jetzt vielfach üble Sitten im Schwange: viele fragen nur nach ihren Getreideschobern, ihren Heudiemen, ihren Roßherden und ihren Weinkellern; viele nehmen weiß der Kuckuck was für ketzerische Sitten an und schämen sich der Muttersprache; der Landsmann will nicht mit dem Landsmann reden; der Landsmann verkauft seinen Landsmann, wie einer ein seelenloses Tier auf dem Viehmarkt verkauft. (. . .) Aber auch in dem niedrigsten Lumpenkerl, mag er sein, wer er will, mag er sich mit Behagen im Dreck und sklavischer Erniedrigung wälzen, – auch in dem, Brüder, lebt ein Funke des russischen Gefühls. Und einmal erwacht es, und dann schlägt sich der Ärmste reuig vor die Brust und greift sich an den Kopf und verflucht sein elendes Dasein und würde willig jede Marter auf sich nehmen, wenn er damit die Schande von sich waschen könnte. Mag unser Beispiel allen denen zeigen, was Kameradschaft heißt auf der russischen Erde! Und geht es denn zum Sterben – keiner von ihnen wird sterben wie wir! Keiner von ihnen allen . . .! Dazu fehlt ihnen viel, den Hasenherzen!«

NIKOLAI GOGOL, 1834

DAS GEHEIMNIS DES RUSSEN besteht darin, daß er einen Riß hat. Oder ein Loch. Oder ein Leck, um einen Begriff aus der Seefahrt zu verwenden. Jedenfalls hat er mit Sicherheit nichts Hermetisches. Kein Bewußtsein von sich selbst als Ganzheit, als abgeschlossene, vollendete Form. Wo ein Riß ist, da ist auch Gespaltenheit, Zerschlagenheit und Entleertheit. Wenn man anklopft, klingt es nicht hell, sondern seltsam, dumpf und eigenartig. Eine ganzheitliche Sache wirft nicht so viele Fragen auf. Sie ist da. Gut oder schlecht, sie existiert, und basta. Doch hier: wer hat den Riß verursacht? wann? zu welchem Zweck? oder hatte der Russe von Anfang an, von Natur aus einen Riß? Die Antwort fällt schwer.

Schlimmer noch, die Rettung fällt schwer. Mit einem Riß, mit einem Leck ertrinkt man unbedingt. Der Russe ist ein ewig Ertrinkender. Jedoch kein Ertrunkener. Im Grunde ist er ein nicht zu ertränkender Ertrinkender. (...) Man wirft ihm einen Rettungsring zu, Panik, man packt ihn bei den Haaren und schleppt ihn unter großer Anstrengung ans Ufer. Man hat ihn hingelegt, man macht Wiederbelebungsversuche. Der Russe ist schüchtern. Es ist ihm unangenehm, daß man Mühe mit ihm hat. Es ist ihm peinlich, daß er nackt ist, schlecht rasiert und überhaupt kein sehr ästhetischer Anblick. Es gefällt ihm nicht, wenn er nicht gefällt. Er wird mißtrauisch und aggressiv und zieht sich in sich zurück. Man wird ihm kein Wort der Dankbarkeit entlocken können. (...)

Hat er lange genug im Sand gelegen, erhebt er sich, bedenkt seine Retter mit einem trüben Blick und steigt langsam, mürrisch und unbeirrt ins Wasser. Um er-

neut zu ertrinken und sich zu quälen. Unversehens steigt der Verdacht auf: der ist ja besoffen, der Hund! Nicht ausgeschlossen. Obwohl er vielleicht auch nüchtern ist. Das ist nicht der Punkt. Der Punkt ist, daß er einen Riß hat – das stichfeste Alibi des Narren. Mit einem Riß kann man unmöglich normal leben. Mit einem Riß kann man nicht fleißig arbeiten, sich über den Alltag Gedanken machen, sich eine glückliche Familie anschaffen und Seidenkrawatten kaufen. Mit einem Riß baut man keine Straßen ohne Löcher und wird nicht Apotheker. Einen Riß kann man verstecken, wie ein Hund seinen Schwanz einklemmt. Einen Riß kann man schlimmstenfalls zukleben. Aber der Klang wird trotzdem nicht der erwünschte sein: er bleibt dumpf und eigenartig. Man kann nur so tun, als ob nichts wäre. Mit List und Tücke. Doch List hin, Tücke her, irgendwie hat man eine unwiderstehliche Lust, Tapeten abzureißen oder zu beschmieren!
Der Riß ist der große Vorzug des Russen. Daß er das Beste ist, was Gott schuf, hat der Russe, und auch der bescheidenste und sanfteste, Tschechow inklusive, niemals bezweifelt. Daß er »ein Scheiß« ist, bezweifelt er ebenfalls nicht im geringsten. Die ganze russische Philosophie ist bei dieser völlig unvermuteten Polarität steckengeblieben. Die ganze russische Literatur ergötzte sich an der seelischen Weite ihrer Helden. Auch die Ausländer waren voller Bewunderung, in ihrer gesegneten Ahnungslosigkeit. Und wie sollten sie das auch verstehen, wo bei ihnen alles dicht ist, wo sie nicht den kleinsten Riß haben?

VIKTOR JEROFEJEW, 1993

ES SIND deine Luchsaugen, Asien,
Die etwas in mir erspäht,
Die hervorlockten etwas Verborgnes,
Das die Stille gebar,
Das schwer zu ertragen und quälend
Wie in Termes die Mittagsglut,
Als ob der Vorzeit Gedächtnis wie glühende Lava
Mir in das Bewußtsein sank,
Als wär es mein eigenes Schluchzen,
Das aus fremden Händen ich trank.

ANNA ACHMATOWA, 1945

IV.

LIEBST DU –
LIEB' VON GANZEM HERZEN!
ZECHST DU –
ZECHE TEUFELSTOLL!

Alexei K. Tolstoi, 1850/51

RICHTETEN SIE etwa die Frage an sich selber: Wozu ist einem das Leben gegeben? Gott allein mag es wissen! Und wie beantworteten sie diese Frage? Vermutlich überhaupt nicht: sehr klar und einfach mochte ihnen alles erscheinen.

Von dem sogenannten schweren, harten Leben hatten sie nie gehört, von Menschen, die quälende Sorgen im Herzen tragen, die von einem Erdenwinkel in den andern gejagt werden oder ihr Leben unaufhörlicher, steter Arbeit weihen.

Die Bewohner von Oblomowka glaubten auch nicht recht an seelische Qualen. Sie hielten den Wirbel ewigen Strebens nach irgendeinem Ziele nicht für das richtige Leben; sie fürchteten jede leidenschaftliche Hingabe wie Feuer, und wie andernorts der Leib der Menschen von der vulkanischen Arbeit des inneren Feuers der Seele rasch verzehrt wird, so versank die Seele der Bewohner von Oblomowka höchst friedlich und ungestört in dem verzärtelten Leibe.

Das Leben prägte ihnen nicht etwa wie andern seinen Stempel auf; weder zeichnete es sie mit vorzeitigen Runzeln, noch traf es sie mit vernichtenden moralischen Schlägen und Qualen.

Die guten Leute faßten es lediglich als ein Ideal der Ruhe und Tatenlosigkeit auf, die nur gelegentlich durch verschiedene fatale Zufälle, als da sind: Krankheiten, Verluste, Zank und unter anderem auch durch Arbeit, unterbrochen wurde.

Arbeit erduldeten sie als eine bereits unsern Urvätern auferlegte Strafe; sie konnten sie aber nicht lieben, und wo sich eine Gelegenheit bot, suchten sie sich darum

zu drücken, und das hielten sie durchaus für möglich, ja auch für notwendig.
Nie kam es vor, daß sie sich mit nebelhaften Problemen der Moral oder des Verstandes den Kopf zerbrachen: darum war ihre Gesundheit und ihre Laune stets vortrefflich, darum lebten sie dort auch so lange; vierzigjährige Männer hielten sich noch ganz wie Jünglinge; die Greise rangen nicht mit einem schweren, qualvollen Tode, lebten vielmehr unglaublich lange und starben gleichsam im Verborgenen: sie erloschen still und stießen unvermerkt den letzten Seufzer aus. Darum heißt es auch, das Volk wäre früher gesünder gewesen. Und in der Tat, es war gesünder: früher beeilte man sich nicht, einem Kinde die Bedeutung des Lebens zu erklären und es darauf als auf etwas sehr Schwieriges und wenig Heiteres vorzubereiten; man quälte es nicht mit Büchern, die eine Unmenge von Fragen im Kopf erstehen lassen, Fragen, die an Verstand und Herzen zehren und das Leben verkürzen.
Die Norm des Lebens hatten sie fix und fertig von ihren Eltern übernommen, jene hatten sie nicht minder fertig vom Großvater. (. . .) Worüber hätten sie also grübeln, worüber sich aufregen, was erkennen und welchen Zielen zustreben sollen?
Nichts gab es, dessen sie bedurften: wie ein ruhiger Strom floß das Leben an ihnen vorüber; ihnen lag nur ob, am Ufer dieses Stromes zu weilen und die unvermeidlichen Erscheinungen zu beobachten, welche in bestimmter Reihenfolge, ohne herbeigewünscht zu sein, an einen jeden von ihnen herantraten.

I. A. GONTSCHAROW, 1859

WENN ICH jetzt einen Gutsbesitzer sehe, der die Menschenrechte und die Notwendigkeit der Entwicklung der Persönlichkeit kommentiert – weiß ich bei seinen ersten Worten, daß er ein Oblomow ist.
Wenn ich einen Beamten treffe, der über die Verworrenheit und Beschwerlichkeit der Verwaltung jammert, so ist er ein – Oblomow.
Wenn ich von einem Offizier Klagen über ermüdende Paraden und mutige Erörterungen über die Nutzlosigkeit des langsamen Paradeschrittes usw. höre, zweifele ich nicht, daß er ein Oblomow ist.
Wenn ich in den Zeitschriften liberale Äußerungen gegen Mißbräuche lese und die Freude darüber, daß endlich geschah, was wir schon lange erhofft und gewünscht hatten – denke ich, daß all dies aus dem Ort Oblomowka geschrieben wird.
Wenn ich mich im Kreise gebildeter, heiß mit den Nöten der Menschheit sympathisierender Menschen befinde, die im Verlauf vieler Jahre (...) immer dieselben Anekdoten über bestechliche Leute, über Einschüchterungen, über illegale Akte jeder Art erzählen – fühle ich unwillkürlich, daß ich in das alte Oblomowka versetzt worden bin ...
Haltet den lärmenden Redefluß dieser Menschen an und sagt: »Sie behaupten, daß dieses und jenes nicht gut ist; was soll man tun?« Sie wissen es nicht ... Schlagt ihnen das einfachste Mittel vor – sie sagen: »Ja, wieso denn das so plötzlich?« Unbedingt werden sie so sprechen, denn Oblomowtypen können anders nicht antworten ...

N. A. DOBROLJUBOW, 1859

DER ERSTE GAST am Morgen, wenn ich noch im Bett liege, ist ein Ausländer, ein Russe gar, von dem ich nicht weiß, wie verdächtig er dem Verfassungsschutz sein könnte, sollte oder müßte; sein Name: Oblomow; ein gefährlicher Bursche, mir gefährlicher als Lenin, Trotzki und wie sie alle heißen mögen, ... sitzt er auf der Bettkante, schüttelt den Kopf, wenn ich Aktivitäten entwickele. (Er) seufzt, wenn aus der Küche die freundliche Stimme von Madame fragt: »Tee oder Kaffee?«; er versteht mein Zögern, meine Angst vor der ersten *Entscheidung* des Tages; ich muß diesen schweren, gutmütigen Kerl beiseite schieben, zum drittenmal aufstehen, den Kopf aus dem Fenster halten, bevor ich meine Entscheidung treffe: Luftdruck, Temperatur, Himmelsblau, Himmelsrot – ist es ein Tee- oder Kaffeemorgen? Entscheidungsunfreudig zögere ich so lange, bis die freundliche Stimme mahnt: »Also, bitte, Tee oder Kaffee?« An mindestens vier von sieben Tagen fällt die Entscheidung für Kaffee. Weitere Entscheidung: Bademantel oder richtig anziehen? Konflikte: Richtig anziehen bedeutet: dem Tag mit einiger Zuversicht, zu Taten aufgelegt, entgegensehen. Bademantel bedeutet: wieder ins Bett zurück (...) Er knurrt, flucht, schimpft, wenn ich dann doch tatsächlich das Nachthemd aus-, das Taghemd anziehe. (...) Gekränkt folgt er mir an den Frühstückstisch.

HEINRICH BÖLL, 1985

GRAF ILJA ANDREITSCH hatte sein Amt als Adelsmarschall niedergelegt, weil es mit zu großen Ausgaben verbunden war; aber seine Geldangelegenheiten verbesserten sich noch immer nicht. Nikolaj und Natascha bemerkten, daß heimliche, unruhige Unterredungen zwischen den Eltern stattfanden, und hörten von dem Verkauf des großen Rostowschen Hauses und des Landhauses bei Moskau sprechen. Da der Graf Rostow nicht mehr Adelsmarschall war, brauchte er kein so großes Haus zu machen wie früher, und das Leben in Otradnoje wurde stiller als in den vergangenen Jahren. Dennoch blieben sowohl das Hauptgebäude wie der Flügel voll Menschen, und am Herrschaftstische saßen immer noch wie früher mehr als zwanzig Personen: teils Freunde, beinahe Familienglieder, teils Menschen, die nun einmal zum Hause des Grafen gehörten: da waren der Musiker Dümmler mit Frau; der Tanzlehrer Vogel mit Familie; ein ältliches Fräulein Bjelowa; ehemalige Gouvernanten der Töchter und einfach Menschen, denen es angenehmer oder vorteilhafter schien, bei dem Grafen zu leben als im eigenen Hause. Es gab nicht mehr so viel Verkehr wie früher, aber im allgemeinen wurde der Haushalt in der alten Weise geführt, ohne die sich Graf und Gräfin das Leben nun einmal nicht vorstellen konnten. Man hielt dasselbe, jetzt durch Nikolaj eher noch vergrößerte Jagdpersonal; noch immer waren fünfzig Pferde und fünfzehn Kutscher im Stalle; noch immer wurden zu den Namenstagen teure Geschenke gemacht und feierliche, den ganzen Bezirk bewirtende Diners gegeben. Noch immer waren die Whist- und Bostonpartien des Grafen im

Gange, bei denen er die Karten so zu halten pflegte, daß jedermann hineinsehen konnte. Daher belief sich denn, was die Mitspieler gewannen, täglich auf Hunderte, und alle, die auf das Vorrecht, die Partie mit dem Grafen Ilja Andreitsch zu machen, Anspruch hatten, hielten daran fest wie an der bequemsten Erwerbsquelle.

So steckte denn der Graf in seinen Vermögensangelegenheiten wie in einem großen Fischnetze, wollte nicht glauben, daß er sich verwickelt hatte und sich täglich noch mehr verwickelte, und fühlte sich sowohl außerstande, das Netz zu zerreißen, als sich vorsichtig und geduldig daraus loszumachen. Die Gräfin ahnte mit ihrem liebenden Herzen, daß ihre Kinder dem Ruin entgegengingen; daß der Graf nicht schuld war; daß er nicht anders sein konnte; daß er darunter litt (obwohl er sich dessen ebensowenig bewußt wurde wie des Ruins seiner Kinder), und sie suchte Mittel, dem Übel abzuhelfen.

LEO N. TOLSTOI, 1869

DIE BEIDEN ALTEN LEUTCHEN liebten nach dem alten Brauch aller Gutsbesitzer alter Zeit gut zu essen. Wenn kaum der Morgen anbrach (sie standen sehr früh auf) und die Türen ihr vielstimmiges Konzert anstimmten, saßen sie bereits an ihrem kleinen Tisch und tranken Kaffee.

Nachdem Afanassij Iwanowitsch Kaffee getrunken, begab er sich auf den Flur, wo er mit einem Tuch wedelte und dazu rief: »Ksch, ksch! fort, ihr Gänse, von der Freitreppe!« (. . .)

Hierauf kehrte Afanassij Iwanowitsch in seine Gemächer zurück und pflegte, wenn er sich Pulcheria Iwanowna näherte, zu fragen: »Was meinen Sie, Pulcheria Iwanowna, wäre es nicht vielleicht an der Zeit, irgendeine Kleinigkeit zu sich zu nehmen?«

»Was könnte man wohl jetzt verzehren, Afanassij Iwanowitsch? vielleicht Schmalzgebackenes mit Sahne oder Mohnküchlein oder vielleicht gar eingemachte Brätlinge?«

»Brätlinge wären nicht übel oder auch Mohnküchlein«, erwiderte Afanassij Iwanowitsch, und plötzlich lag ein Tischtuch auf dem Tisch, auf dem Küchlein und Brätlinge standen.

Eine Stunde vor dem Mittagessen nahm Afanassij Iwanowitsch erneut einen Imbiß zu sich, er trank aus einem alten silbernen Becher ein Schnäpschen und verspeiste dazu Pilze, gedörrte Fischlein und anderes.

Zum Mittagessen setzte man sich um zwölf Uhr. Außer dem Geschirr und den Saucieren standen eine Unmenge Töpfchen auf dem Tisch mit eingefetteten Deckeln, damit nicht irgendeines der appetitlichen Erzeugnisse der altertümlichen, so sehr geschmack-

vollen Küche hätte ausdünsten können. Während des Mittagessens drehte sich das Gespräch stets um Gegenstände, die dieses betrafen. (...)
Nach dem Mittagessen begab sich Afanassij Iwanowitsch auf ein Stündchen zur Ruhe, wonach Pulcheria Iwanowna ihm eine zerschnittene Arbuse zu präsentieren pflegte und dazu sprach: »Hier, Afanassij Iwanowitsch, probieren Sie mal, was das für eine prächtige Arbuse ist.«
»Sie müssen sich nicht täuschen lassen, Pulcheria Iwanowna, weil die in der Mitte rot ist«, entgegnete Afanassij Iwanowitsch und nahm ein gehöriges Stück, »es gibt auch welche, die rot und doch nicht gut sind.«
Indes die Arbuse verschwand unverzüglich. Hierauf verspeiste Afanassij Iwanowitsch noch einige Birnen und begab sich dann in Begleitung von Pulcheria Iwanowna zu einem Spaziergang in den Garten. Nach Hause gekommen, widmete sich Pulcheria Iwanowna ihren Geschäften, er aber setzte sich unter ein Vordach, das zum Hof hinausführte, und schaute zu, wie die Vorratskammer unablässig ihr Inneres vorwies und wieder versteckte, und wie die Mägde, einander stoßend, in hölzernen Kästen, in Körben, in Säcken und ähnlichen Fruchtbehältern einen Haufen aller möglichen Dinge bald hinaustrugen, bald hineintrugen. Ein wenig später sandte er dann zu Pulcheria Iwanowna, oder er begab sich selber zu ihr und fragte: »Was könnte man jetzt zu sich nehmen, Pulcheria Iwanowna?«
»Ja was nur?« meinte Pulcheria Iwanowna, »vielleicht könnte ich anordnen, daß man Ihnen Pastetchen mit Beeren bringt, die ich eigens für Sie zurückzustellen befohlen habe?«

»Auch das wäre nicht übel«, entgegnete Afanassij Iwanowitsch.
»Oder würden Sie vielleicht lieber ein Johannisbeergelee verzehren?«
»Auch das ist nicht schlecht«, erwiderte Afanassij Iwanowitsch. Worauf all dieses unverzüglich herbeigeschafft und, wie es sich gehört, verzehrt wurde.
Vor dem Abendessen pflegte Afanassij Iwanowitsch jedoch noch etwas zu sich zu nehmen. Und um halb zehn setzte man sich zum Abendessen. Nach dem Abendessen begab man sich unverzüglich aufs neue schlafen, und alsbald brach in diesem tätigen und gleichzeitig so ruhigen Winkel absolute Stille ein. Das Zimmer, darin Afanassij Iwanowitsch und Pulcheria Iwanowna schliefen, war so heiß, daß kaum ein anderer Mensch imstande gewesen wäre, sich darin einige Stunden lang aufzuhalten. Damit es jedoch noch wärmer wäre, pflegte Afanassij Iwanowitsch sogar auf der Ofenbank zu schlafen, obwohl ihn die große Hitze häufig veranlaßte, mitten in der Nacht aufzustehen und im Zimmer auf und ab zu wandern. Und wenn Afanassij Iwanowitsch so im Zimmer auf und ab ging, konnte es geschehen, daß er dabei leicht stöhnte.
Dann fragte Pulcheria Iwanowna: »Warum stöhnen Sie, Afanassij Iwanowitsch?«
»Gott weiß, warum, Pulcheria Iwanowna, mir kommt vor, daß mir der Magen ein wenig weh tut«, entgegnete Afanassij Iwanowitsch.
»Vielleicht sollten Sie eine Kleinigkeit essen, Afanassij Iwanowitsch?«

NIKOLAI GOGOL, 1835

ALS JAKOB endlich sein Gesicht enthüllte – war es bleich wie das eines Toten; die Augen blickten kaum hinter den halbgeschlossenen Wimpern hervor. Er seufzte tief auf und begann. Der erste Ton seiner Stimme war schwach und ungleichmäßig und schien nicht aus der Brust hervorzukommen, sondern wie ein Echo aus weiter Ferne zufällig ins Zimmer geflogen zu sein. Dieser zitternde, klingelnde Ton brachte eine seltsame Wirkung auf uns alle hervor; wir sahen einander an, und die Frau des Nikolai Iwanowitsch richtete sich hoch auf. Auf diesen ersten Ton folgte ein zweiter, der sicherer, gebildet und länger ausgehalten war, aber immer noch zitterte wie eine Saite, die plötzlich unter einem kräftigen Finger erklingt und nun in ihren letzten, rasch ersterbenden Schwingungen bebt; nach dem zweiten ein dritter, und bald ergoß sich, mit jedem Ton wärmer und breiter, ein schwermütiges Lied aus seiner Brust: »Nicht ein Weglein führte durch das Feld«, sang er; uns alle überlief es wie ein Schauer.

Ich gestehe, daß ich selten eine solche Stimme gehört hatte: sie war etwas gebrochen; sie klang im Anfange sogar etwas krankhaft, aber sie sprach eine ungekünstelte, tiefe Leidenschaft aus, Jugend, Kraft, eine eigentümliche Süßigkeit und eine hinreißend sorglose Sehnsucht und Schwermut. Eine wahrhaft russische, glühende Seele tönte und atmete in ihr und griff einem ans Herz, an dessen russische Saiten. Der Gesang wuchs und schwoll. Jakob war sichtlich von Begeisterung ergriffen: er zagte nicht mehr, er gab sich ganz seinem Glücke hin; seine Stimme zitterte auch nicht mehr – sie bebte, aber in jenem unmerklichen, inneren

Beben der Leidenschaft, die die Seele des Zuhörers wie ein Pfeil durchdringt; sie wurde immer stärker, zuversichtlicher und mächtiger. (...) Er sang – und aus jedem Tone seiner Stimme wehte uns etwas Heimatliches, unübersehbar Weites an, als wenn die wohlbekannte Steppe sich in die endlose Ferne vor uns ausgedehnt hätte. Ich fühlte, daß es mir heiß ums Herz wurde, und mir die Tränen in die Augen kamen. Ein dumpfes, verhaltenes Schluchzen schlug plötzlich an mein Ohr – ich sah mich um ... die Frau des Schankwirts weinte, mit der Brust an das Fenster gelehnt. Jakob warf einen flüchtigen Blick auf sie, und seine Stimme ergoß sich noch voller und süßer als früher; Nikolai Iwanowitsch senkte den Kopf, Morgatsch wandte sich ab, das graue Bäuerlein schluchzte leise im Winkel (...) Ich weiß nicht, wie die allgemeine Rührung sich gelöst hätte, wenn Jakob seinen Gesang nicht plötzlich auf einem hohen, ungewöhnlich dünnen Tone beendigt hätte; es war, als wäre ihm die Stimme gebrochen.
Niemand schrie los, man regte sich nicht; alle schienen abzuwarten, ob er nicht noch weiter singen würde; allein er öffnete die Augen, wie erstaunt über unser Schweigen, ließ einen fragenden Blick über uns hinschweifen, und sah, daß der Sieg sein war ...

IWAN TURGENJEW, 1852

DER MORGEN GRAUTE. Der Kampf flaute ab. Nur ganz vereinzelt hörte man noch Schüsse und Schreie in der Stadt.
Bei Sonnenaufgang erschien Stepan im Kreml. (...) Er war verschmutzt, ohne Mütze, der Kaftan an mehreren Stellen versengt, verschmiert mit Kalk und Blut. Böse, erregt; die Augen glitzerten eisig, blickten unverwandt, mit großem Interesse. (...)
Nun begann ein kurzes Gericht über die »feinsten« Leute der Stadt – Adlige, Kaufleute, Strelitzenführer, beamtete Ränkeschmiede ... Hier brauchte Stepan keine Todesarten zu erfinden. Er ging die Reihe der Sitzenden ab, fragte: »Wer?«
»Luka Tarassow, Podjatschi beim Amt ...«
Stepan machte eine Handbewegung – säbeln. Die ihm folgenden Kosaken köpften ihn sofort.
»Wer?«
»Sukmanow, Iwan Semjonow, Gast in der Stadt ... Aus Moskau.«
Die Handbewegung. Von hinten ein kraftvoller, jäher Säbelhieb mit kurzem Aufächzen: »Kchäck!«
»Wer?«
»Ich sag's nich, du Dieb und Seelenmörder, wenn du ...«
»Äks! So jung und schon so fett! Speckschwein!«
»Wer?«
»Ein Unfreier bin ich, Batjuschka. Mushik aus Samara, vom Amt, mit Papieren geschickt ...«
Die Zuschauer lauschten gierig, was aus der Reihe unterm Glockenturm geantwortet wurde, ließen sich kein Wort entgehen.
»Lüge!« schrie es aus der Menge, als der Mann sprach.

»Aus Samara is er, aber kein Mushik, vom Amt zum hiesigen Amt geschickt . . . Ein Blutsauger!«
»Kchäck!« Nach dem Schlag des Kosakensäbels fiel der Kopf des Amtsmenschen aus Samara mit einem Aufprall, einem unheimlichen kurzen Aufprall, der so klang, als habe man eine Holzflasche mit Kwas fallen lassen, zu Füßen seines Besitzers nieder.
(. . .)
»Wo begraben wir sie, Batka?« fragte man Stepan.
»Im Kloster. Alle in einem Grab.«
»Und den Wojewoden?«
»Alle. Nach Christenart – mit Totenmesse. Die Frauen und Kinder . . . sollen sie begraben und in der Kirche die Absegnung machen. Die Weiber in der Stadt nich anrührn.« Stepan blickte die Kosaken streng an, sagte noch einmal: »Ich verbiete, Weiber zu vergewaltigen! Nur wenn mit Liebe.«
Auf dem Platz vor dem Amt wurden alle möglichen »Vorgänge«, Listen, Exzerpte, Urkunden zusammengetragen . . . Noch ein Gericht wurde abgehalten – über die Papiere. Ihm widmete sich der Ataman hemmungslos, mit beseeltem Eifer.
»Los, macht! Lauter Arschwische!« Stepan war schon gelinde benebelt; er hatte sich seit der Nacht nicht umgezogen, hatte keine Minute Ruhe gehabt, sich kein einziges Mal hingesetzt, aber seine Kraft, so schien es, begann ihn erst jetzt zu werfen, zu heben, nach allen Seiten zu lockern. Er konnte sich nicht bremsen. »Ist das alles?«
»Alles, Batka!«
»Anzünden!«
Das Feuer loderte festlich hoch . . .

»Läuten!« brüllte Stepan. »Alle Glocken! Lustig, damit wir tanzen können. Lauf-schritt! Wir alle wolln tanzen!«
Der erste Glockenturm legte los, der zweite, der dritte ... Bald läuteten sämtliche Türme des Kreml und der Weißstadt etwas Niedagewesenes, Lustiges, Zügelloses, Gewaltiges. Furchteinflößend rissen sich die Schläge der »Musik« von der Höhe los, stießen hallend aneinander, stürzten sich nieder auf die Menschen, weckten ein seltsames Brennen in der Seele: Lust, etwas Verrücktes, Dreistes zu tun – zu springen, zu brüllen ... und zu raufen.
Stepan riß die Mütze vom Kopf, knallte sie zu Boden und schritt als erster um das Feuer herum. Es war ein Tanz und doch auch keiner, etwas herausfordernd Wildes, Nacktes: So bricht man aus dem Kreise aus, setzt man sich über alles hinweg.

WASSILI SCHUKSCHIN, 1974

GOTT bewahre uns vor einem russischen Aufruhr, der immer sinnlos und erbarmungslos sein muß.

ALEXANDER PUSCHKIN, 1836

ONKELCHEN blies, ohne jemand anzusehen, den Staub davon ab, schlug mit den knochigen Fingern auf den Resonanzboden der Gitarre, stimmte sie und rückte sich bequem zurecht. Mit etwas theatralischer Gebärde, indem er den Ellenbogen des linken Armes von sich abstreckte, faßte er das Instrument oberhalb des Griffs, und nachdem er Anissja Fjodorowna mit den Augen zugewinkt, stimmte er nicht die »Barynja« an, sondern griff einen vollen klangreichen Akkord und ging dann ruhig und sicher, mit langsamem Tempo in das bekannte Lied über: Liegt die Straß' im Sonnen-schein. Und in demselben Takte, mit jener würdevollen Heiterkeit (die auch das Wesen Anissjas atmete), erklang dieselbe Melodie in Nataschas und Nikolajs Herzen. Anissja Fjodorowna erglühte und verließ das Zimmer, indem sie das Gesicht mit dem Tuche bedeckte. Der Onkel führte das Lied mit Reinheit, Feuer und Genauigkeit zu Ende und sah dabei mit verändertem, begeistertem Blick nach der Stelle, die Anissja Fjodorowna verlassen hatte. Ein kaum merkliches Lächeln erhellte sein Gesicht und zuckte unter dem grauen Schnurrbarte, besonders, wenn sich im Verlauf des Liedes der Ausdruck leidenschaftlich steigerte und der Takt sich beschleunigte. Plötzlich brach er mitten im Akkorde ab.
Reizend, reizend Onkelchen! noch mehr, noch mehr! rief Natascha, sobald er aufhörte; sie war aufgesprungen, umarmte den Onkel und küßte ihn (...)
Nun, liebstes Onkelchen! rief Natascha mit so flehender Stimme, als ob sich's um ihr Leben gehandelt hätte. Onkelchen stand auf, und es war, als ob zwei Menschen in ihm lebten; der eine lächelte über den

anderen Lustigen, und der Lustige nahm mit naiver Wichtigkeit eine Tanzstellung ein.
Nun, Nichtchen! rief der Onkel, indem er mit der Hand, die eben den Akkord abgebrochen hatte, Natascha zuwinkte.
Natascha warf das Tuch ab, in das sie gehüllt war, lief zum Onkel, stemmte die Hände in die Seiten, machte eine Bewegung mit den Schultern und blieb stehen. Wo, wie, wann hatte diese kleine Gräfin, die von einer emigrierten Französin erzogen war, diesen russischen Geist in sich eingesogen? Woher nahm sie diese Bewegung, die der *pas de châles* längst verdrängt haben mußte? Es war jener unbeschreibliche russische Geist, jene nicht anzulernende echt russische Haltung, wie Onkelchen sie von ihr erwartete.
Sobald sie sich nur hinstellte, feierlich lächelte und zugleich stolz und schalkhaft heiter aussah, verschwand die Furcht, die im ersten Augenblicke Nikolaj und die übrigen Anwesenden ergriffen hatte: die Furcht, daß sie nicht ausführen könnte, was sie unternommen, und alle bewunderten sie.
Sie machte alles so gut, so genau, daß Anissja Fjodorowna, die ihr sogleich das zu dem Tanze notwendige Tuch gereicht hatte, vor Lachen die Tränen kamen, während sie auf diese schlanke, anmutige, ihr so fremde, in Samt und Seide erzogene Gräfin blickte, die doch alles verstand und ausdrücken konnte, was in Anissja lebte, und in Anissjas Vater, in ihrer Mutter und Großmutter, kurz in jedem Russen.

LEO N. TOLSTOI, 1869

EINS KANN man unserm teuern Reußenland nicht abstreiten: Wenn uns das Ausland auch in mancher Hinsicht noch so manches lehren kann, in unsern Umgangsformen sind wir ihm weit voraus. Wer zählt die feinen Unterschiede, die wir dabei zu machen wissen? Ein Deutscher oder ein Franzos kommt nie dahinter und kann all die Nuancen und Finessen auf gar keine Art begreifen. Ein Deutscher oder ein Franzos, der redet Millionäre und kleine Tabakskrämer ganz mit der gleichen Stimme und demselben Tonfall an, wenn er natürlich auch in seinem Inneren vor einem Millionär viel mehr Respekt hat. In unserer teuren Heimat ist das anders: es gibt bei uns ganz raffinierte Künstler, die sprechen mit einem Gutsbesitzer, der bloß zweihundert Seelen sein eigen nennt, in völlig anderm Tone als mit einem, der deren dreihundert hat, und mit einem, der bloß dreihundert hat, in anderm Tone als mit einem, der fünfhundert hat, und mit einem, der bloß fünfhundert hat, wieder ganz anders als mit einem, der etwa gar achthundert hat; kurz, ginge es bis zur Million hinauf, sie fänden immer neue Schattierungen. – Verfügen wir uns nun einmal im Geist in eine Kanzlei, nicht hier bei uns, nein, irgendwo im Nirgendland über den sieben Bergen, und fassen wir den Herrn Kanzleivorstand ins Auge! Schau ihn dir an, wie er im Kreise seiner Untergebenen thront, der Schreck verschlägt dir unbedingt sofort die Sprache. Stolz und Erhabenheit und weiß der liebe Gott was sonst noch alles leuchtet von seiner Stirn. Nimm schnell den Pinsel in die Hand und mal ihn ab, dann prangt auf deinem Bilde ein Prometheus, und ein Prometheus, lieber Freund, der sich gewaschen hat! Er schleudert Blicke wie ein Aar, federnd und fürstlich ist sein Gang. Doch dieser selbe Aar braucht nur das Zimmer zu verlassen und auf die Tür seines Vorgesetzten zuzugehn, dann huscht er als ein armes Rebhuhn mit seinen Akten unterm Arm so eilfertig dahin, daß ihm die Puste ausgeht.

NIKOLAI GOGOL, 1841

DAS SONDERBARSTE an diesem sonderbaren Mann war die immer in irgend einer Weise »öffentliche« Rolle, die er im Leben und unter den Leuten spielte. Ohne diese Rolle hätte Stepan Trophimowitsch gar nicht leben können, so unbedingt gehörte sie zu seiner Persönlichkeit und so verliebt war er gleichzeitig selber in sie. (. . .) Nur langjährige Gewöhnung mochte hier zu Grunde liegen, oder auch vielleicht der ehrgeizige Gedanke an irgend eine zukünftige offizielle Position, der sich aus den Jugendjahren, nachdem er gründlich enttäuscht worden war, in dieser Form in das Mannesalter hinübergerettet hatte. Daß Stepan Trophimowitsch sich besonders gern als »Verbannten« und »Verfolgten« zu gerieren liebte, wies wenigstens auf eine derartige Erklärung hin: um diese beiden Worte spielte ein gewisser geheimnisvoller Märtyrerglanz, der ihn, nachdem er ihn einmal geblendet, nun in seinen eigenen Augen mehr und mehr hob, bis er dann schließlich auf dem hohen und für die Eigenliebe so schmeichelhaft angenehmen Piedestal vorgetäuschter Bedeutsamkeit stand. (. . .)
Jetzt jedoch habe ich auf das Allerbestimmteste erfahren, daß Stepan Trophimowitsch nicht nur nicht in der Verbannung, wie man vielleicht vermuten konnte, sondern überhaupt niemals irgendwie verdächtig gewesen ist. Er selbst freilich glaubte sein ganzes Leben lang fest, daß man ihn in bestimmten Kreisen fürchtete, daß alle seine Schritte beobachtet würden, daß jedem der drei Gouverneure, die wir in den letzten zwanzig Jahren gehabt, schon gleich bei der Uebergabe ihres Postens als erstes von Stepan Trophimowitsch gesprochen worden sei und daß sie

sich infolge dessen bereits ihre Gedanken über ihn gemacht hätten, noch bevor sie überhaupt bei uns angekommen waren. Hätte aber, andererseits, jemand mit unwiderlegbaren Beweisen in der Hand, den ehrlichen Stepan Trophimowitsch beruhigen und ihm allernachdrücklichst versichern wollen, daß er nicht das geringste zu fürchten hätte, so wäre das auch wieder nicht recht gewesen und würde den guten Mann, wie er nun einmal aufging in dem Vollgefühl der von ihm vertretenen Rolle, nur beleidigt haben. Und doch war es bei all solchen Schrullen ein kluger und begabter Mensch, ein Mensch, ein Mann, in einem gewissen Sinne sogar der Wissenschaft, obgleich er in der Wissenschaft nichts eigentlich Schöpferisches und vielleicht sogar – überhaupt nichts geleistet hat. Aber bei uns in Rußland ist es ja mit den Männern der Wissenschaft beinahe ohne Ausnahme so.

FJODOR M. DOSTOJEWSKIJ, 1871

ICH LIEBTE dich: vielleicht ist noch bis heute
In meiner Brust dies Feuer nicht verglüht;
Doch will ich nicht, daß sie dein Schmerz erneute –
Nichts soll fortan erregen dein Gemüt!
Ich liebte dich mit hoffnungslosem Schweigen,
Bald schüchtern, bald durch Eifersucht betrübt;
Ich liebte dich so innig, so treueigen –
Gott gebe, daß ein andrer dich so liebt!

ALEXANDER PUSCHKIN, 1829

EIN WEIB wird um so heißer lieben,
Je kühler man sich abseits hält,
Und wird dann leicht ins Netz getrieben,
Das die Verführung ausgestellt.

ALEXANDER PUSCHKIN, 1831

DIE PRAKTISCHE SACHLAGE mit dem Sex ist gar nicht so schlecht. Auf alle Fälle haben wir das Problem des Koitus unter schwierigen Witterungs- und Wohnverhältnissen, aber auch bei Vorhandensein nicht vorhandener ordentlicher Nahrungsmittel, Toiletten, Kosmetika sowie empfängnisverhütender Mittel glänzend gelöst. Hier haben wir den Westen um ein ganzes Jahrhundert überrundet. Dafür sind wir in der Theorie um eben dieses Jahrhundert hinter dem Westen zurück. Das gewagteste Niveau, auf das sich die sowjetische Sexologie erhoben hat, ist der Rat an die Männer, Geschirr zu spülen und Windeln zu waschen.

ALEXANDER SINOWJEW, 1981

LILITSCHKA!

Statt eines Briefes

Tabakdunst hat die Stube durchräuchert;
Sie wimmelt –
Höllenpfuhl, Leibergemische.
Hier hab ich, du weißt noch,
deine Hände gestreichelt,
besessen-verzückt,
in der Fensternische.
Heut lehnst du kalt,
dein Herz hart gewappnet,
und morgen vielleicht schon
zischst du:
»verschwinde!«
Im trüben Vorzimmer müh ich mich tappend,
daß zitternd die Hand in den Rockärmel finde.
Da renn ich raus,
werf den Leib in die Gassen,
toll
vor Verzweiflung,
zerschunden und hohl.
Laß,
Liebste, Beste,
du sollst mich lassen,
sag mir lieber gleich Lebewohl.
Einerlei,
meine Sehnsucht
hangt an dir wie Blei, –
wohin du auch fliehst,

du mußt sie tragen.
So brüll ich mich frei
mit letztem Schrei
von der Marterpein bitterster Klagen.
Ein Stier,
zerquält unter Mühsal und Lasten,
sucht schnaufend die Niedrung,
ein Gewässer, ein kühles.
Wo winkt mir ein Seeufer,
um dran zu rasten?
Bittere Ungnade
deines Gefühles!
Ruhe wünscht der müde Elefant,
macht sichs im Glühsand
fürstlich bequem;
nur deine Liebe
ist mir Sonne und Sand,
doch ich ahne nicht,
wo du weilst und mit wem.
Wolltest du einen Dichter
derart foltern, –
hinwürf er für Geld und Ruhm
seine Schöne.
Mir klingt
das Tönen der Welt wie Poltern;
ich möchte,
daß nichts als dein Name ertöne.
Kein Fenstersprung lockt mich,
keine ätzende Lauge,
nein, kein Pistolenlauf kühlt meine Schläfe.
Kein Blitz einer Klinge,
es wär denn dein Auge,

hätt Macht über mich,
wenn er schneidend mich träfe.
Daß ich dich gekrönt,
wird dir morgen entfallen:
daß zehrend ich dein Blühn vergöttert.
Ein alberner Wirbel von Karnevalen
hat zausend meine Bücher entblättert . . .

Geböte das dürre Laub meiner Worte
noch Einhalt
dem Ungestüm schreitenden Schuhs?

Drum trete zum Abschied
auf meine verdorrte
Zärtlichkeit
dein enteilender Fuß.

WLADIMIR MAJAKOWSKI, 1916

LIEBST du – lieb' von ganzem Herzen!
Drohst du – drohe nicht mit Scherzen!
Schiltst du – schilt mit Grimmesglut!
Schlägst du – schlage bis aufs Blut!
Streitest du – sei kühn im Streiten!
Strafst du – laß vom Recht dich leiten!
Übst du Gnade – fort den Groll!
Zechst du – zeche teufelstoll!

ALEXEI K. TOLSTOI, 1850/51

V.

ZWEI DINGE
SIND DEM HERZEN WERT,
SOLANG WIR GEHN
DES LEBENS BAHNEN:
DAS SIND
DIE GRÄBER UNSRER AHNEN,
DAS IST
DER HEIMATLICHE HERD.

Alexander Puschkin, 1830

HEIMATERDE

Wir tragen sie nicht an Kettchen um den Hals,
Wir schluchzen über sie nicht Verse, endlos lange.
Sie nimmt uns nicht den bittren, unsern Schlaf,
Sie scheint uns nicht das lang verheißene Land.
Wir schlagen sie nicht für die Seele
Zum Gegenstand von Ankauf und Verkauf,
Und wenn wir krank, bedrängt und elend auf ihr leben,
Nimmt keiner sie in seine Träume auf.
Ja, für uns ist das Dreck an Galoschen,
Ja, für uns ist das, was knirscht auf dem Zahn.
Und wir mahlen und trampeln und schlucken
Diesen Staub, schuldlos und uralt.
Doch weil wir uns in sie legen und sie werden,
Nennen wir sie so leicht: unsere Erde.

ANNA ACHMATOWA, 1961

UNWILLKÜRLICH überraschte mich die Fähigkeit des russischen Menschen, sich den Sitten anderer Völker anzupassen. Ich weiß nicht, ob diese Eigenschaft lobens- oder tadelnswert ist, aber jedenfalls beweist sie das Vorhandensein jenes gesunden Menschenverstandes, der sich mit dem Bösen abzufinden weiß, wenn dieses notwendig ist oder nicht geändert werden kann.

MICHAIL LERMONTOW, 1840

RUSSLAND – das ist ein Sechstel der Erde; bleiben noch fünf Sechstel. Leider läßt sich nicht jede Pflanze so ohne weiteres verpflanzen, und nicht jedes Gewächs gedeiht in einem fremden Klima oder in einer fremden Welt. Das Gefühl, zu Hause zu sein, habe ich eigentlich nur an den Ufern der Kama und der Wolga gehabt, in Moskau, in den Zügen, die unser riesiges Land durchquerten, am Arbeitsplatz, in der Verbannung und sogar im Gefängnis; außerhalb der Grenzen Rußlands habe ich mich jedoch niemals zu Hause gefühlt und konnte mich trotz großer Anstrengungen nie an das jeweilige Land, dessen Volk und Sprache gewöhnen. Das ist keine patriotische Gefühlsduselei, sondern eine angeborene Unfähigkeit – und der Unwille –, sich zu akklimatisieren, sowie vielleicht auch ein gewisser Stolz. Fast alle meine Bücher sind im Exil geschrieben; in Rußland war keine Zeit zu schreiben; aber den Stoff für diese Bücher hat mir ausnahmslos das russische Leben geliefert – und er schien mir unerschöpflich.

MICHAIL OSORGIN, vor 1955

AN RUSSLAND

Ein Kartenzeichner hat dich strenge
in meine Hand hineingeritzt,
hier breite Straßen und dort enge,
das Adernetz wie Flüsse blitzt.

Wie Blinde strecke ich die Hände
weit aus, erfühle ohne Ende,
was irdisch ist, durch dich, mein Land:
Das habe ich als Glück erkannt.

Und findet mich die letzte Stunde,
so sah ich es in einem Traum,
die sorglos nicht gewußte Stunde
in einem fernen fremden Raum,

rollst du zurück wie eine Karte,
die lang in ihrer Form verharrte,
und wo ich finde meine Ruh,
da legt sich auch mein Land dazu.

VLADIMIR NABOKOV, 1928

»N–NEIN, nicht nur darum«, fuhr jetzt wieder, gut aufgelegt die Worte skandierend, Karmasinoff fort, durch das Zimmer zu spazieren, wobei er bei jedem Kehrt in der Ecke munter mit dem rechten Beinchen ausschritt. »Ich beabsichtige in der Tat so lange wie nur möglich zu leben«, lächelte er spitz, »leider ist im russischen Herrenstand etwas, das den Menschen schnell verbraucht, in jeder Beziehung. Ich jedoch möchte mich so spät wie möglich verbrauchen und werde deshalb auch in Bälde endgültig ins Ausland übersiedeln. Das Klima ist dort weit besser, und auch die Häuser sind aus Stein, alles ist fester. Für mich wird Europa noch ausreichen, glaube ich – was meinen Sie?«

»Wie soll ich das wissen!«

»Hm . . . Wenn dort wirklich einmal Babylon kracht, und sein Fall wird groß sein – darin stimme ich vollkommen mit Ihnen überein, obgleich ich denke, daß es noch für meine Lebenszeit reichen wird –, so ist in Rußland doch nichts vorhanden, das da zusammenstürzen könnte, im Verhältnis gesprochen. Bei uns werden keine Steine fallen, sondern alles wird sich in Schmutz auflösen. Das heilige Rußland kann am allerwenigsten irgend jemandem Widerstand leisten. Das einfache Volk hält sich noch irgendwie am russischen Gott; aber selbst der russische Gott hat sich nach den letzten Erfahrungen als unzuverlässig erwiesen, und sogar gegen die Bauernreform hat er kaum standhalten können – jedenfalls hat er sehr gewankt. Und dazu kommen jetzt noch die Eisenbahnen, sehen Sie . . . Nein, an den russischen Gott glaube ich schon gar nicht.«

»Und an den europäischen?«

»Ich glaube an keinen einzigen. (...) Ich verstehe nur zu gut, warum alle Russen, die ein, wenn auch nur kleines Kapital haben, ins Ausland strömen – und von Jahr zu Jahr noch mehr und mehr. (...) Hier ist schon alles vorausbestimmt und verurteilt. Rußland hat, so, wie es jetzt ist, keine Zukunft. Ich bin Deutscher geworden und rechne mir das als Ehre an.«

FJODOR M. DOSTOJEWSKI, 1871

EINMAL werde ich mich in einer geheimnisvollen Nacht mit meiner Heimat zum Schlafen legen und werde mit der Hand über den Bogen ihrer Hüfte fahren und die Hände auf ihre Brüste legen, und sie wird ihren Bauch an meinen Bauch legen und wird flüstern, daß sie mich liebt, und wird wollen, daß ich ihre Liebe erwidere.
Mit der Heimat werde ich das zwanzigjährige, das dreißigjährige Jubiläum des Lebens feiern ... Sie ruft mich in ihre nächtlichen Städte, die schön sind und voll Unflat, in die von ihr selbst besudelte Hauptstadt, sie pfeift mir das Sehnsuchtsmotiv ins Ohr. Sehnsucht nach anderen Ländern. Trunkener Weltraumhimmel, Geschichte von Galgen und Trommelschlag, mein jüdisches Rußland, mein Sozialismus aus Pappe, Sperrholz und Fahnentuch, so vertraut und so zum Kotzen.
(...) Meine Heimat ist nicht verwegen. Wenn auch grausam, ist sie doch demütig. Sie atmet durch den Mund, sie hat Polypen, vom Stalinismus verstopfte Nasenlöcher, auf ihrer Stirn, die schön ist wie die Kuppel des Trojza-Klosters, hat sie Pickel. Meine Heimat führt einen tödlichen Kampf an Deck. Meine Heimat möchte sich selbst nach Amerika entwischen. Ich will nicht! Ich wälze mich von einer Seite auf die andere – aus der Vergangenheit in die Zukunft. Bringt mich nicht fort, bitte, bringt mich nicht nach Amerika!

WASSILIJ AXJONOW, 1975

ER KAM aus Moskau und war zunächst nach Israel gegangen. Er wußte, wie man zu Geld kommt, er hatte es sogar geschafft, aus Rußland welches mitzubringen. Erst am letzten Abend vor unserer Abreise, als er zuviel getrunken hatte, zeigte er sein wahres Gesicht. »Ich hab' hier schon viele Frauen gehabt, aber mir hat keine gefallen, sie sind alle kalt, sie sind schrecklich, ich habe Angst vor ihnen, alles an ihnen stößt mich ab. Mein Gott, was für Angst mir diese Österreicherinnen manchmal machen!«

Dann sprach Simon von russischen Frauen, Moskauer Frauen. Ich hatte beim Zuhören ein merkwürdiges, undefinierbares Gefühl. Später kam es oft vor, daß ich nostalgische Monologe über Rußland zu hören bekam, in Amerika ebenso wie in Italien, aber die Leute, die sie hielten, waren unglückliche Emigranten ohne Arbeit, die nicht wußten, was sie machen und wohin sie sich wenden sollten. Simon jedoch wußte es. Das Luxusrestaurant, in dem wir speisten, war der greifbare Beweis dafür. Er schenkte Helena Rosen, gekauft von einer Frau, die in ihrem bescheidenen Kleid rührend verlegen an unseren Tisch trat. Das war das kleine, harmlose und sentimentale Europa und nicht das metallische Amerika – es gab Frauen, die in Lokale kamen und Rosen anboten! Wir tranken Wodka; Simon bat das Orchester, *Steppe, Steppe, ringsumher* zu spielen, und ich sah, daß ihm die Tränen kamen. »Wir machen Witze darüber, war das Wort ›Heimat‹ bedeutet«, seufzte Simon, »und da sitze ich, höre diese Musik, und mir blutet das Herz. Zum Teufel mit den Juden, ich bin vor allem Russe!«

Dann fuhr er mit uns in seinem großen blauen Wagen

zu einem Ort oberhalb von Wien, wo es einen schikken Nachtclub gab. Auf einem Aussichtsplateau hielten wir an, um die Stadt im Lichterglanz zu bewundern. Er fuhr sehr schnell und trank eine Menge. In Amerika habe ich erfahren, daß er einen schrecklichen Unfall hatte. Tödlich. (. . .)

Nüchterne Amerikaner, intelligente Leute wie wir, rieten uns, den Beruf zu wechseln. Aber was täten sie selbst, wenn sie in unsere prekäre Lage kämen? Ein Geschäftsmann, der auch nur die Hälfte seines Vermögens verliert, springt aus dem Fenster seines Büros im 45. Stock, statt als Tellerwäscher zu arbeiten. Hätte ich meine Persönlichkeit vernichten wollen, wäre ich in der Sowjetunion geblieben. Um mich umzubringen, hätte ich nicht hierherzukommen brauchen. Alles, was die sowjetische Regierung von mir verlangte, war ja eben das: den Beruf zu wechseln, nicht mehr zu schreiben, zu dichten.
Uns geht es zwar im Grunde nicht schlecht, dachte ich weiter, es ist nur alles in allem die unverantwortlichste, blödsinnigste Emigration, die es je gegeben hat. Gewöhnlich ist es die Angst vor Hunger, Verfolgung und Tod, die den Menschen dazu bewegt, seine Heimat für immer zu verlassen, nicht das Verlangen, schreiben und veröffentlichen zu können, was man mag. Ich, Editschka, werde meinen Vater und meine Mutter nie wiedersehen, weil ich mich für das Dichten entschieden habe. Darüber war ich mir doch wohl im klaren . . .

Es sind unsere eigenen Wortführer, die uns in den Westen getrieben haben, Menschen mit Weitblick, die dennoch keinen blassen Schimmer hatten, wie es sich in der westlichen Welt lebt. Sie haben sich zweifellos selbst getäuscht, die denkenden Köpfe des Landes, das ist peinlich. Aber uns haben sie ebenfalls getäuscht, und das ist schlimmer. Selbst die Stärksten konnten dem Rat der Intelligenzija, das Land zu verlassen, nicht widerstehen. Wie die Idioten rasten wir bei der ersten Gelegenheit, die man uns bot, in den Westen, und als wir dann sahen, was für ein Leben man uns hier bot, wären viele von uns am liebsten sofort wieder zurückgegangen – wenn sie gekonnt hätten. Doch die Sowjetregierung besteht nun mal nicht aus barmherzigen Brüdern.
Den Beruf wechseln, okay, aber kann man auch die Seele wechseln?

EDWARD LIMONOW, 1980

FRAUEN sind eine unumgängliche Notwendigkeit! Und dabei geht es nicht um den physiologischen Aspekt der Sache. Ich brauche eine Frau weniger für den Körper als für die Seele – um in möglichst umfassendem gegenseitigen Verständnis miteinander zu reden, das Herz auszuschütten, Solidarität zu spüren. In der Sowjetunion waren wir übrigens in dieser Hinsicht verwöhnt. So viele verständnisvolle und mitfühlende Frauen wie in der Sowjetunion gibt es nirgends. Ich stehe da nicht allein. Besorgen Sie mir ein Weib, bestürmt mich der Nörgler unentwegt. Ist langweilig so allein. Und die Weiber, die verstehen einen. Hier gibt es genügend Weiber für den Körper, sage ich. Aber Weiber fürs Herz, die gibt's nicht. Da, mein Freund, ist jede Hoffnung vergebens.

ALEXANDER SINOWJEW, 1981

IM AUSLAND habe ich früher gereist und es ist mir stets unangenehm gewesen. Nicht daß ich das Morgenrot emporsteigen sah, oder die Bucht von Neapel bewunderte, das Meer betrachtete, war mir verstimmend; es war besonders die Empfindung, daß man in der That durch irgend etwas traurig werden kann. Nein, in der Heimat ist es am besten! Hier kann man wenigstens noch die anderen anklagen und sich selbst verteidigen!

FJODOR M. DOSTOJEWSKIJ, 1866

WENN ICH zurückkehre . . . / Lach nicht, wenn ich zurückkehre, / wenn ich, die Erde nicht berührend, über den Februarschnee laufe, / einer kaum erkennbaren Spur entlang, zu Wärme und einem Nachtlager, / und vor Glück zusammenzuckend, mich umschaue nach deinem Vogelruf – / wenn ich zurückkehre. / Oh, wenn ich zurückkehre! . . .

Hör zu, hör zu, lach nicht, / wenn ich zurückkehre / und direkt vom Bahnhof, wo ich mit dem Zoll kurzen Prozeß gemacht habe, / und direkt vom Bahnhof in das undurchdringliche Dunkel dieser erbärmlichen Schaustellerstadt / stürme, mit der ich mich quäle und auf die ich schwöre, / wenn ich zurückkehre. / Oh, wenn ich zurückkehre! . . .

Wenn ich zurückkehre, / gehe ich in jenes einzige Haus, / wo der Himmel mit der blauen Kuppel nicht wetteifern kann, / und der Geruch nach Weihrauch, wie der Geruch nach dem Brot der Waisenhäuser, / wird mich treffen und in meinem Herzen wie Wellen zusammenschlagen – / wenn ich zurückkehre. / Oh, wenn ich zurückkehre! . . .

Wenn ich zurückkehre, / fangen im Februar die Nachtigallen zu pfeifen an, / jenes alte Motiv, jenes uralte, vergessene, vielgesungene. / Und ich falle nieder, / besiegt durch meinen Sieg, / und stoße mit dem Kopf, wie an eine Anlegestelle, gegen deine Knie! / Wenn ich zurückkehre.

Aber wann kehre ich zurück?! . . .

ALEXANDER GALITSCH, 1974

VI.

IN MOSKAU IST ALLES DURCH-DRUNGEN VON GEDICHTEN, VON REIMEN DURCHSTOSSEN KREUZ UND QUER.

Anna Achmatowa, 1963

DIE RUSSISCHE SPRACHE

In Tagen des Zweifels, in Tagen drückender Sorge um das Schicksal meiner Heimat bist du allein mir Halt und Stütze, o du große, kraftvolle, wahrhaftige und freie russische Sprache! Wenn du nicht wärest – müßte man da nicht verzweifeln angesichts all dessen, was in der Heimat geschieht? Aber man kann doch nicht glauben, daß eine solche Sprache nicht einem großen Volke gegeben worden ist.

IWAN TURGENJEW, 1882

DER DEUTSCH-RÖMISCHE Kaiser Karl der Fünfte pflegte zu sagen, daß man sich mit Gott am besten auf spanisch unterhalte, mit Freunden auf französisch, mit Feinden auf deutsch und mit dem weiblichen Geschlecht auf italienisch. Wenn er jedoch des Russischen mächtig gewesen wäre, dann hätte er natürlich hinzugefügt, daß man sich in dieser Sprache mit allen gleich gut unterhalten könne, da sie sowohl die Erhabenheit des Spanischen und die Lebendigkeit des Französischen als auch die Härte des Deutschen und die Zärtlichkeit des Italienischen in sich berge und darüber hinaus noch den Reichtum und die anschauliche Kürze des Griechischen und Lateinischen aufweise.

MICHAIL LOMONOSSOW, 1759

ALS TSCHAADAJEW die Behauptung aufstellte, daß Rußland keine Geschichte besäße, das heißt, daß Rußland einem anarchischen und geschichtslosen Kulturkreis angehöre, ließ er eines völlig außer acht, und zwar die Sprache. Eine derart hochorganisierte und organisch gewachsene Sprache öffnet einem nicht nur das Tor zur Geschichte, sondern ist selbst Geschichte. Für Rußland käme der Verlust der Sprache dem Verlust seiner Geschichte sowie der Vertreibung aus dem Reich der historischen Notwendigkeit und Kontinuität und der Einbuße von Freiheit und Sinnfälligkeit gleich. Das »Verstummen« von zwei, drei Generationen könnte für Rußlands Geschichte den Tod bedeuten (. . .) Deshalb kann man durchaus behaupten, daß die russische Geschichte gewissermaßen auf Messers Schneide verläuft, immer nahe am Abgrund, jede Minute Gefahr laufend, in den Nihilismus abzugleiten, das heißt in die Abgeschiedenheit vom Wort.

OSSIP MANDELSTAM, 1928

WENN ICH in der russischen Sprache mich umsehe, komm' ich mir vor, als lustwandelte ich in den Zeiten, die ich nicht erleben werde. Diese reichen Anlagen werden sich für einen großen Theil der Menschheit fruchtbar entwickeln, und Gebilde erzeugen, die wir uns jetzt nicht vorstellen können, so wenig wie die Alten sich einen Shakespeare, Cervantes, Goethe, oder einen Rousseau, Fichte, vorstellen konnten.

VARNHAGEN VAN ENSE, 1838

DIE RUSSISCHE LITERATUR war nicht aus dem Glück und der Fülle des schöpferischen Überflusses geboren, sondern aus der Erkenntnis des schmerz- und leidvollen Schicksals des Einzelnen und des Volkes und aus der Sehnsucht nach der Erlösung der ganzen Menschheit. Das bedeutet aber, daß sie in ihren Grundmotiven religiös war. Das Pathos des Mitleids und einer tiefen Menschlichkeit – dieses wichtigste Merkmal der russischen Literatur – hat denn auch die zivilisierte Welt tief erschüttert.

NIKOLAI BERDIAJEW, 1937

IN DER UNTERSTEN HÖLLE

Dem Andenken von
A. Blok und N. Gumiljow

Tag für Tag wird schauriger und dichter
Rings die taube, starre Todesnacht.
Pesthauch löscht die Leben aus wie Lichter,
Hilfe, Schrei und Ruf bleibt ohne Macht.
Dunkles Los des, der in Rußland dichtet:
Unergründlich das Verhängnis bleibt,
Das auf Puschkin die Pistole richtet,
Dostojewski auf den Richtplatz treibt.
Sollte ich ein gleiches Los auch ziehn,
Rußland – bittre Kindesmörderin,
Und in deinen Kellern untergehn,
Schlüg' ich auch in blut'ger Pfütze hin –
Will ich doch dein Golgatha nicht fliehn
Und nicht leugnen deiner Gräber Sinn.
Ob mich Haß, ob Hunger niedermähen –
Wählt' ich doch kein andres Schicksal mir:
Sterb' ich, will ich sterben nur mit dir,
Und mit dir, wie Lazarus, erstehen.

MAXIMILIAN WOLOSCHIN, 1921

DIE RUSSISCHE LITERATUR ist die am tiefsten pessimistische Literatur Europas. Bei uns handeln alle Bücher ein und dasselbe Thema ab: wie wir in der Jugend und in reifen Jahren leiden unter dem Mangel an Verstand, unter dem Druck des Absolutismus, an den Frauen, an der Nächstenliebe, an der Unzulänglichkeit der Welt – und im Alter unter der Erkenntnis der im Leben begangenen Fehler, an Zahnlosigkeit, schlechter Verdauung und unter der Unvermeidlichkeit des Todes.
Jeder Russe, der »wegen Politik« vier Wochen im Gefängnis gesessen oder ein Jahr in der Verbannung gelebt hat, hält es für eine heilige Pflicht, seinem Vaterlande einen Band Erinnerungen an seine Leidenszeit zu bescheren.

MAXIM GORKI, 1930

MANCHMAL kommt es mir so vor, als kranke das russische Denken an der Angst vor sich selbst: weil es außerhalb des Verstandes stehen will, kann es den Verstand nicht leiden und fürchtet ihn.
Die schlaue Schlange W. W. Rosanow seufzt bekümmert im »Einsamen«: »Oh, meine traurigen Erfahrungen! Und weshalb wollte ich alles wissen? Jetzt werde ich nicht mehr ruhig sterben, wie ich gehofft hatte.«
Bei Tolstoi im »Tagebuch der Jugend«, 4. Juli 1851, heißt es sehr hart: »Das Bewußtsein ist das größte moralische Übel, das den Menschen je befallen kann.«
Genau so sagt Dostojewskij: ». . . zu sehr der Dinge bewußt sein, ist eine Krankheit, eine wirkliche, ganze Krankheit . . . viel Bewußtsein, ja, jedes Bewußtsein ist eine Krankheit. Daran halte ich fest.«
Der Realist A. F. Pisemskij rief in einem Briefe an Melnikow-Petscherskij aus: »Der Teufel hole die Angewohnheit des Denkens, diese Krätze der Seele.«
L. Andrejew sagt: »Der Verstand hat immer etwas von einem Spion, von einem Lockspitzel.«
Und er äußert die Vermutung: »Es ist sehr wahrscheinlich, daß der Verstand nur die maskierte alte Hexe, das Gewissen, ist.«
Man kann aus russischen Schriftstellern einige Dutzend solcher Aussprüche sammeln, sie alle legen beredtes Zeugnis ab von dem Mißtrauen gegen die Kraft des Verstandes. Das ist außerordentlich charakteristisch für die Menschen eines Landes, dessen Leben höchst wenig verstandesgemäß eingerichtet ist.

MAXIM GORKI, 1923

WENN EIN russischer Schriftsteller, gleich welchen Ranges, stirbt, wird man ihm in jener Welt wie jedem rechtskräftig Verurteilten wahrscheinlich vor allem die Frage stellen: »Warst du zur Zwangsarbeit verurteilt? Zur Ansiedlung in Sibirien? Hast du vor Gericht gestanden? Im Gefängnis gesessen? Bist du administrativ verschickt worden? Oder hast du nicht zumindest unter offener oder geheimer Polizeiaufsicht gestanden?«

Und selten kann einer aus unserer Bruderschaft, Hand aufs Herz, antworten: »Ich bin nicht zur Zwangsarbeit verurteilt gewesen, habe nicht vor Gericht gestanden, in Untersuchungshaft gesessen, unter offener oder geheimer Aufsicht gestanden.«

So ist nun einmal dieser kriminelle Beruf.

WLADIMIR KOROLENKO, 1909

DER KLEINE PRINZ und Holden Caulfield brachten einen frischen Wind in unser Leben oder richtiger, sie trugen dazu bei, daß der lebendige Geist der Menschlichkeit zum Vorschein kam, die schlichte Güte und einfache Gewissenhaftigkeit, die von alters her in der russischen Literatur lebten und die sogar in getretenen und verstümmelten menschlichen Seelen zu finden sind.

RAISSA ORLOWA/LEW KOPELEW, 1975

TAPFERKEIT

Wir wissen, was nun die Waage wägt
Und was heute geschieht.
Die Stunde der Tapferkeit ists, die uns schlägt.
Sie läßt uns nicht, wir nicht sie.
Nicht schlimm, sich unter den Kugeln zu legen.
Kein Schmerz, ohne Blut zu sein dort.
Doch dich behüten wir, russische Rede,
Großes russisches Wort.
Und tragen dich, frei, rein, mit unsrer Kraft
Und retten dich vor der Gefangenschaft
Auf immer!

ANNA ACHMATOWA, 1942

UND WANN kehren wir nach Rußland zurück? Als was für eine idiotische Gefühlsduselei, was für ein habgieriges Stöhnen muß diese unsere unschuldige Hoffnung den Menschen in Rußland erscheinen. Aber unsere Sehnsucht ist doch nicht historisch – nur menschlich –, wie kann man ihnen das erklären? Natürlich ist es für mich leichter als für andere, außerhalb Rußlands zu leben, denn ich weiß mit Bestimmtheit, daß ich zurückkehren werde – erstens, weil ich die Schlüssel zu ihm mitgenommen habe, und zweitens, weil ich – ganz gleich wann, in hundert, zweihundert Jahren – dort in meinen Büchern leben werde, oder zumindest in der Fußnote eines Wissenschaftlers. Bitte, jetzt hast Du eine historische Hoffnung, eine literarhistorische . . .

VLADIMIR NABOKOV, 1938

EINES TAGES begriff ich, daß ich nicht weiterkommen würde. Man las mich in Moskau, in Leningrad und noch in zehn anderen Großstädten. Das Publikum dort hatte mich akzeptiert, doch der Sowjetstaat wollte nichts von mir wissen, und welche Verbreitungsmethoden ich mir auch ausdachte, meine Dichtungen erreichten nicht das Volk, die Masse. Meine Seele litt darunter, daß ein dahergelaufener Roschdestwenski in Millionenauflagen erschien, während von meinen Gedichten nicht ein einziges regulär veröffentlicht wurde. Steckt euch euer System doch in den Arsch, sagte ich mir. Ich werde mit meiner Angebeteten woanders hingehen, in jene Welt, wo die Schriftsteller, wie es heißt, freier atmen können.
Und ich kam hierher.
Inzwischen habe ich erkannt, daß es sich überall gleich schwer atmet. Außerdem stehe ich hier von vornherein auf der Seite der Verlierer, weil ich als russischer Schriftsteller russisch schreibe. Und ich mußte feststellen, daß ich mich an meinen verborgenen, verbotenen Ruhm gewöhnt hatte, an den Beifall des anderen Moskau, des schöpferischen Rußlands, wo ein Dichter, anders als in Amerika, noch so etwas wie eine geistige Leitfigur ist und wo es als ein großes Privileg gilt, einen Dichter kennenlernen zu dürfen. Hier ist ein Dichter ein Dreck, und Jossif Brodski, der in diesem Land schmachtet, sagte mir eines Tages, als er mich in meinem Zimmer besuchte, wodkatrinkend: »In diesem Land braucht man eine Elefantenhaut. Ich habe eine, du aber nicht.« Trotzdem war Brodski unglücklich, weil er sich den herrschenden Gesetzen unterworfen hatte – was er daheim nie getan hatte. Ich

verstand seinen Kummer. In Leningrad wurde er, wenn wir einmal von den politischen Schikanen absehen, die er erdulden mußte, von Tausenden von Menschen bewundert, man hatte ihn in jedem Haus, bei jedem Fest begeistert begrüßt, und wunderschöne russische Mädchen hatten ihn geliebt, weil er, dieser junge rothaarige Jude, ein Dichter war, ein russischer Dichter.

EDWARD LIMONOW, 1980

WELCH KRAFT, gewaltig, ohnegleichen,
welch Leidenschaft vermeßner Art,
ließ Berge, Sterne mich erreichen,
hat mich vor Sturz und Tod bewahrt?

Warum kam niemals zum Erliegen,
warum verstummte nicht in mir,
die freche Lust zu kämpfen, siegen,
die fröhlich dreiste Lebensgier?

Weil ich in einem Land geboren,
das Jämmerlingen nie gelacht,
weil ich seit Kindheit auserkoren
für seine Menschen, seine Pracht.

Rußland birgt alles, was mir teuer,
und keine Hütte gibt es dort,
wo nicht ein Platz für mich am Feuer,
ein kluges, teilnahmsvolles Wort.

Mein Talisman: der Heimat Erde.
Mein Stolz: daß ich, der stets ihr nah,
Petschorsker der Petschora werde
und Ladoshsker dem Ladoga.

Und wenn ich auch durch Rußlands Breiten,
Zugvogel, streif, tagaus, tagein,
in mir wird immer seiner Weiten
und stillen Größe Echo sein.

JEWGENIJ JEWTUSCHENKO, 1970

VII.

UND EW'GER KAMPF! WIR TRÄUMEN NUR VON RUHE . . .

Alexander Blok, 1908

BEREITS die ersten Slawophilen haben auf ein zwiefaches Prinzip in dem inneren Bau unserer Nation und dementsprechend auf den dualistischen Charakter unserer Geschichte hingewiesen. Sie betonten immer den Gegensatz zwischen »Reich« und »Land« (...) Das Wort »Land« heißt auf russisch *semlja*, eigentlich »Erde«. Es bedeutet zunächst das Territorium, auf dem der russische Volksstamm sitzt. Er hat es in langsamer Kolonisation mit Axt und Pflug erobert. Später, als das »Reich« mächtig geworden ist, hat seine imperialistische Politik dieses Territorium bis in die entlegenen Grenzgebiete ausgedehnt, so daß Völkerschaften fremder Zunge und Sitte hineingezogen worden sind. »Land« (»Erde«) heißt ferner das russische Volkstum selbst – das eigentliche Rußland (*Rus*) als sozialer Organismus, als Träger einer eigenartigen, wesentlich auf Ackerbau beruhenden Kultur. Diese Kultur ist einsprachig, innerlich einheitlich und den auswärtigen Einflüssen von Hause aus abhold. Sie besitzt aber die innere Kraft, eine gewisse assimilierende Wirkung auf Nachbarstämme auszuüben.
Das »Reich« nun heißt auf russisch »*zarstwo*«, später »*imperia*«. Das »Reich« repräsentiert Rußland als politische Macht; zu seiner Begründung und Stärkung hat die Nation fast gegen ihren Willen ihre besten Kräfte hingegeben. Das »Reich« ist ein weitverzweigtes, gewaltiges Staatsgefüge, das das »Land« überdacht und gleichsam umsponnen hat, ohne es jedoch zu erstikken. Das »Land« empfand dieses Gebilde stets als etwas ihm durch göttliche Fügung Auferlegtes und deshalb Geheiligtes, aber mehr als Schale denn als Kern seines ureigenen Wesens, ja seit dem 18. Jahr-

hundert als etwas ihm in mancher Hinsicht Wesenfremdes. Damals trat auch eine besondere, vom volkstümlichen Sprachgebrauch geradezu abstechende, klassizistisch geprägte Namensform in Kraft: »*Rossija*«, als offizielle Bezeichnung des »Reiches« im Unterschied vom »Lande« (*Rus*). Es besteht somit im Sein und Bewußtsein des Volkes die Scheidung des Reichswesens vom organischen Leben des »Landes«. In engem Zusammenhang mit dieser Spaltung steht die apolitische Gesinnung des Volkes, eine augenfällige Schlaffheit seines Willens zur Erwerbung und Betätigung der staatsbürgerlichen Freiheit; dabei ist es aber nicht leicht zu entscheiden, welches von beiden Phänomenen als Ursache und welches als Folge anzusehen sei.

Das »Land« stellt dem »Reich« seine eigenen Lebensinteressen entgegen, die dem Staatsbedürfnis oft wesentlich zuwiderlaufen und von ihm öfters niedergedrückt worden sind. Wieweit der Gegensatz derselben mitunter ging, ist schon daraus zu sehen, daß die ursprüngliche Bauernfreiheit der Reichsnot zum Opfer fallen mußte. Das »Land« hat seine eigentümlichen Einrichtungen, die in den Staatsmechanismus teilweise eingreifen. So z. B. die noch im 17. Jahrhundert bestehende politische Landesvertretung und der bis auf unsere Zeit fortdauernde Urkommunismus der Dorfgemeinde. Das »Land« erhält auch seine selbständigen geistigen Tendenzen aufrecht, von denen die hervorstechendste das Streben nach Unabhängigkeit und Innerlichkeit in kirchlichen und Gewissensfragen ist.

Das »Land«, nicht das »Reich«, ist die eigentliche geistige Heimat unseres Volkes. Hier wurzelt sein originelles Schaffen in Kunst, Mythe und Lied, hier ist das geheime Heiligtum seiner frommen Seele zu suchen. Für die politischen Ziele des »Reiches« hat es im großen und ganzen wenig Verständnis; nur in einigen schicksalsschweren und feierlichen Augenblicken des nationalen Lebens sieht man die beiden Elemente der Nation im vollkommenen Einvernehmen. Sonst bleibt das Volk angesichts der »Haupt- und Staatsaktionen« der Geschichte zumeist »stillschweigend und stumm« – wie Puschkins Bemerkung für die Bühne am Schlusse seiner dramatischen Chronik »Boris Godunow« lautet. Das »Land« unterwirft sich dem »Reiche«, ohne seinen Maßnahmen, wenigstens in weltlichen Angelegenheiten, Widerstand zu leisten; es erträgt geduldig jegliche Gewalt, die das »Reich« ihm antut; aber es behält sich auch seine Meinung vor, und jenes ist genötigt, mit seinem Willen zu rechnen. Denn das »Land« ist die soziale und wirtschaftliche sowie die geistige Basis des »Reiches«.

WIATSCHESLAW IWANOW, 1909

BULBA war ein hartnäckiger Eisenschädel, einer von den Leuten, wie sie nur das harte sechzehnte Jahrhundert hervorbringen konnte, und nur in jenem von halben Nomaden bevölkerten Winkel Europas, zu der Zeit, da das ganze südliche Altrußland, im Stich gelassen von seinen Fürsten, als Wüste dalag, preisgegeben dem Sengen und Brennen der mongolischen Räuber, deren Einfällen seit Menschengedenken keiner ein Ziel hatte stecken können. Jedoch aus dieser Not erwuchs hier, nachdem ihm Haus und Dach genommen waren, ein wagelustiges Geschlecht; umringt von schlimmen Nachbarn, umdroht von ewiger Gefahr, siedelte es sich auf den Trümmerstätten an, lernte dem Tod gerade ins Auge sehn und verlor die Erinnerung daran, daß es so etwas wie Furcht auf der Welt gab. Da schlug der von Haus aus friedliche slawische Geist zu kriegerischer Flamme empor, geboren wurde das Kosakentum, der gewaltige, fröhliche Sproß am russischen Stamm. Alle Ufer, alle Plätze an Furten, alle wohnlichen Hänge an den Flüssen des Grenzlandes wurden besetzt von Kosaken, deren Menge niemand ermaß. Jene kecken Kameraden unter ihnen, die vom Sultan gefragt wurden, wie viele es ihrer wären, hatten wohl ein Recht, ihm zu erwidern: »Wer soll das wissen! Die ganze Steppe wimmelt von uns. Wo ein Grashümpel ist, da ist ein Kosak.« Das war, Gott weiß es, ein loderndes Zeugnis von russischer Kraft: aus der Brust des Volkes hatte der Feuerstahl der Leiden den Funken geschlagen. An Stelle der Fürstentümer von ehemals, der engen Städtchen, bevölkert von Hundejungen und Jägern, an Stelle der kleinen Fürsten, die sich ewig befehdeten oder Land und Leute verschacherten, erwuchsen wehrhafte Siedelungen, Hetmanschaften und Kosakengemeinden, und um die woben geteilte Gefahr und Haß gegen die räuberischen Ungläubigen ein unverbrüchliches Band. Jedermann weiß aus der Geschichte, wie der Kosaken ewiger Kampf und ihr wildes Leben Europa vor den gewaltigen Anstürmen behütet hat, die es über den Haufen zu werfen drohten. Die polnischen Könige, die statt der kleinen Fürsten Herrscher über diese weiten Landstriche geworden waren, freilich nur Herrscher aus der Ferne und ohne viel Macht, begriffen die Bedeutung der Kosaken sehr wohl und erkannten den Nutzen, den ihre Kampflust und Wachsamkeit ihnen brachten. Sie munterten diesen Geist noch auf und schmeichelten den Neigungen dieser Männer. Unter ihrer fernen Oberhoheit formten die Hetmane, die aus der Mitte der Kosaken selber erwählt wurden, die Bezirke und Einheiten zu Verwaltungskreisen und Regimentern um. Das war kein stehendes Heer – davon fand man hier nichts –, aber wenn es Krieg gab, und es ging eine große Bewegung durch unser Land, dann dauerte es nicht länger als acht Tage, bis jeder hoch zu Roß mit voller Bewaffnung antrat. Der König zahlte nur einen Dukaten Sold auf den Kopf, doch binnen zwei Wochen schon war ein Heer versammelt, wie es keine Aushebung je hätte hinstellen können. War dann der Feldzug vorbei, so zerstreuten sich die Krieger über Wiesen und Weiden, zogen zu ihren Dnjeprfurten heim, fischten, trieben Handel, brauten Bier, waren freie Kosaken. (. . .) Es gab kein Handwerk, worauf sich der Kosak nicht verstanden hätte: er war Branntweinbrenner und

Stellmacher, Pulvermüller, Schlosser und Schmied, und nebenbei wußte er tolle Feste zu feiern, zu zechen und zu schlemmen, wie nur der Russe zu schlemmen versteht – das alles war so richtig sein Fall. Außer den eingeschriebenen Kosaken, die verpflichtet waren, sich für den Krieg zu stellen, konnte man jederzeit, wenn Not am Mann war, ganze Scharen von Freiwilligen zu den Waffen rufen – es brauchte nur der Obristleutnant auf die Märkte und Plätze der Dörfer und Flecken zu ziehen, dort auf den Wagen zu steigen und aus vollem Halse zu rufen: »He, ihr Biersäufer und Brauer! Jetzt habt ihr lang genug Bier gebraut und euch auf den Ofenbänken gesielt und mit euern fetten Leichnamen die Fliegen gemästet! Vorwärts für Rittertum und Kosakenehre! Ihr Pflüger, ihr Sämänner, ihr Schafhirten, ihr Weiberhelden, lang genug seid ihr hinterm Pfluge gegangen und habt eure gelben Schuhe mit Erde verdreckt, lang genug habt ihr um die Weibsbilder geschwänzelt und eure Ritterkraft bei ihnen gelassen! Heute ruft der Kosakenruhm!« Solche Worte wirkten wie Funken, die auf dürres Holz springen. Der Pflüger zerbrach seinen Pflug, die Brauer ließen ihre Kufen und schlugen die Fässer entzwei, die Handwerker und Händler schickten Gewerbe und Kram zum Teufel, jeder zerbrach die Töpfe in seinem Haus, und alles, was da war, stieg in den Sattel. Kurz, der russische Geist flammte auf und schaute aus tapferen Augen hell in die Welt.

NIKOLAI GOGOL, 1834

DAS EBEN macht die Luft des Westens aus (d. i. die Ideen der Pflicht, der Gerechtigkeit, des Rechts, der Ordnung); das ist mehr als Geschichte, mehr als Psychologie: das ist die Physiologie des europäischen Menschen. Wodurch wollen Sie das bei uns ersetzen? Infolgedessen werden Sie finden, daß es uns allen an einer gewissen Sicherheit, geistigen Methode, Logik gebricht. Der westliche Syllogismus ist uns unbekannt. Unsere besten Geister kranken an etwas, das mehr ist als der bloße Mangel an Gründlichkeit. Die besten Gedanken werden gestaltlos durch das Fehlen von Zusammenhang oder Konsequenz und verwandeln sich in unfruchtbare Gespenster. Der Mensch verliert den Halt, wenn er kein Mittel findet, sich mit dem, was ihm vorausgeht und folgt, zu verbinden. Er büßt dann jede Sicherheit, jede Festigkeit ein. Ohne die Führung durch das Gefühl der Kontinuität verirrt er sich in der Welt. (...)
In unseren Köpfen gibt es gar nichts Gemeinsames; alles ist vereinzelt und alles schwankend und unvollständig. (...)
Die Ausländer rechnen uns eine Art rücksichtsloser Kühnheit, der man besonders in den niedrigsten Volksschichten begegnet, als Vorzug an; da sie aber nur die einzelnen Äußerungen des Volkscharakters zu beobachten imstande sind, sind sie nicht in der Lage, das Ganze zu beurteilen. Sie sehen nicht, daß dasselbe Element, kraft dessen wir zuweilen so kühn sind, uns zur Vertiefung und Ausdauer stets unfähig macht; daß dieser Gleichgültigkeit gegen soziale Gefahren die gleiche völlige Gleichgültigkeit gegen Gutes und Böses, Wahrheit und Lüge entspricht und

uns alle die mächtigen Antriebe nimmt, die den Menschen auf dem Wege der Vervollkommnung vorwärts drängen (...)
Und doch, zwischen den beiden Hauptteilen der Welt, dem Osten und Westen stehend, mit dem einen Arm auf China, mit dem andern auf Deutschland gestützt, hätten wir die beiden großen Elemente der geistigen Natur: die Phantasie und den Verstand, in uns vereinigen und in unserer Zivilisation die Geschichte des ganzen Erdballes zusammenfassen sollen. Das war indessen nicht die uns von der Vorsehung bestimmte Rolle. Es scheint, sie hat sich um unser Los überhaupt nicht gekümmert. Indem sie uns von ihrer wohltätigen Einwirkung auf die menschliche Vernunft ausschloß, überließ sie uns völlig uns selber, verzichtete auf jede Einmischung in unsere Angelegenheiten, wollte uns nicht belehren. Die geschichtliche Erfahrung existiert nicht für uns; Geschlechter und Jahrhunderte sind ohne Nutzen für uns verflossen. (...) Ich kann diese außergewöhnliche Leere und Vereinzelung unseres sozialen Daseins nicht genug bestaunen.

PETER TSCHAADAJEW, 1836

BETRACHTET MAN die geschichtliche Entwicklung, dann ist für den Russen eine Gleichzeitigkeit charakteristisch: zur gleichen Zeit bestehen Konservativismus und rasche Wechsel. Es scheint sogar, daß manchmal gewisse Wechsel innerhalb einer Generation sich in Rußland innerhalb weniger Jahre vollziehen als im Westen. Das liegt nicht nur an einer gewissen Neigung zum Unordentlichen im russischen Leben, sondern auch daran, daß im russischen Leben unwillkürlich etwas vom Alten, vom unguten Alten bleibt, was seinerseits die Leidenschaft befeuert, sich rascher dem Neuen zuzuwenden. So war es beispielsweise schon in der Epoche von Peter dem Großen: Einerseits entschiedene Veränderungen, Wechsel, andererseits überhaupt keine Veränderung in den Lebensbedingungen der Bauern; mit einer entschiedenen »ideologischen Erneuerung« korrespondierten bewahrende Kräfte, die die Lebensbedingungen »beim Alten« beließen. So gleicht die russische Geschichte einem Fluß beim Eisgang. Diese Besonderheit der russischen Kultur kann man zweifach einschätzen: einmal als segensreich für die Gesamtentwicklung, dann aber auch als negativ überhaupt, weil sie immer wieder zu dramatischen Situationen führte.

DMITRIJ LICHATSCHOW, 1988

MAN KLAGT dauernd darüber, daß wir keine praktischen Menschen besitzen, man sagt, wir hätten viele Politiker und Generale, man könnte so viele Verwalter finden, wie man will, aber keine praktischen Menschen. Wenigstens klagen alle, daß keine aufzutreiben sind. Man sagt, daß es auf manchen Eisenbahnen nicht einmal eine anständige Bedienung gibt, man sagt auch, es wäre ganz unmöglich, bei einer Dampfschiffgesellschaft eine mehr oder weniger annehmbare Verwaltung einzuführen. Bald hört man, daß es auf irgendeiner neueröffneten Eisenbahnlinie einen Zusammenstoß oder einen Brückeneinsturz gegeben hat, bald schreibt man, daß ein Zug inmitten eines Schneefeldes fast überwintern mußte: man hat eine Reise von ein paar Stunden machen wollen und muß fünf Tage im Schnee verbringen. Man erzählt, daß unzählige Pud Waren in Erwartung des Transportes zwei, drei Monate lang an einem Ort faulen, weil ein Beamter (es ist übrigens gar nicht zu glauben!), also irgendein Aufseher dem Kommis, der ihn wegen des Expedierens der Waren nicht in Ruhe ließ, statt dessen eine Ohrfeige gegeben hat und diese seine administrative Tätigkeit durch zu großen Eifer erklärt hat. Man hat bei uns ja so viele Ämter, daß es einem angst wird, wenn man nur daran denkt; alle Menschen sind im Staatsdienst, waren es, oder beabsichtigen, dort unterzukommen; man könnte also glauben, daß es etwas Leichtes sei, aus einem solchen Material eine anständige Verwaltung für eine Dampfschiffahrtsgesellschaft zusammenzusetzen! (...) Es kann nicht mehr bezweifelt werden, daß Schüchternheit und völliger Mangel an eigener Initiative bei uns stets für das charakteristischste und beste Merkmal eines praktischen Menschen galt und auch jetzt noch gilt. Warum sollte man aber nur sich selbst anklagen, wenn diese Meinung als eine Anklage gelten kann? Der Mangel an Originalität hat überall, auf der ganzen Welt, seit uralten Zeiten für die beste Empfehlung und Eigenschaft eines tüchtigen, brauchbaren, praktischen Mannes gegolten, und von hundert Menschen haben stets wenigstens neunundneunzig (das ist das Minimum) diesen Gedanken vertreten, während höchstens ein Hundertstel anderer Ansicht darüber war und ist. Erfinder und Genies wurden beim Beginne ihrer Laufbahn (und sehr oft auch bei deren Ende) in der Gesellschaft höchstens für Dummköpfe gehalten, das ist ja ganz landläufig und allen nur zu gut bekannt. Wenn alle ihr Geld jahrzehntelang in die Leihbank trugen und dort Milliarden anhäuften, für die sie vier Prozente bekamen, war es, als die Leihbank abgeschafft wurde und alle ihrer eigenen Initiative überlassen blieben, nur natürlich, daß der größte Teil dieser Millionen in dem Aktienfieber und in den Händen von Gaunern untergehen mußte, das verlangt geradezu Anstand und Wohlerzogenheit so. Welche Mutter, die ihr Kind zärtlich liebt, wäre nicht erschrocken und vor Angst krank geworden, wenn ihre Tochter und ihr Sohn das gewohnte Geleise nur um ein Geringes verlassen hätten: »Nein, sie sollen lieber glücklich sein und zufrieden leben, wenn sie auch nicht originell werden«, denkt jede Mutter, wenn sie ihr Kind einwiegt. Und unsere Kinderfrauen singen und summen beim Einschläfern der Kinder seit uralten Zeiten: »Wirst nur Gold und Silber tragen, General wird man dir sagen!« so daß der Generalstitel selbst bei unsern Kinderfrauen für den Gipfel des russischen Glücks galt und also das volkstümlichste nationale Ideal der ruhigen, höchsten Seligkeit darstellt. Wer brächte es bei uns auch tatsächlich fertig, nach mäßig bestandener Prüfung und nach fünfunddreißigjähriger Beamtentätigkeit nicht endlich General zu werden und sich nicht eine gewisse Summe in der Bank zurückzulegen? So erlangen die Menschen bei uns in Rußland, fast ohne jede Anstrengung, endlich den Ruf von tüchtigen und praktischen Mitbürgern. Nur ein origineller, mit anderen Worten, ein unruhiger Mensch könnte es bei uns eigentlich dazu bringen, nicht General zu werden. Vielleicht wird das zu einigen Mißverständnissen führen; allgemein gesprochen, scheint es aber richtig zu sein, und unser Vaterland war vollkommen im Recht, als es sein Ideal eines praktischen Menschen bestimmte.

FJODOR M. DOSTOJEWSKIJ, 1869

IHR VÖLCKER, klagt! denn Moscau weinet,
Europa, komm, verhülle dich!

JOHANN CHRISTOPH GOTTSCHED, 1725

DER STURMVOGEL

Über der grauen Ebene des Meeres jagt der Wind die Wolken zuhauf. Zwischen Wolken und Meer schießt stolz der Sturmvogel dahin, einem schwarzen Blitze vergleichbar.

Bald die Wogen mit dem Fittich streifend, bald pfeilgeschwind zu den Wolken emporschwebend, schreit er hell auf – und die Wolken hören die Freude in dem kühnen Schrei des Vogels.

Aus diesem Schrei klingt die Sehnsucht nach dem Sturm! Die Kraft des Zornes, die Flamme der Leidenschaft und die Gewißheit des Sieges hören die Wolken aus diesem Schrei.

Die Möwen stöhnen vor dem Sturme – sie stöhnen, streichen unruhig über der See hin und her und möchten am liebsten ihre Angst tief unten auf dem Meeresgrunde verbergen.

Auch die Taucher stöhnen – sie kennen nicht die wilde Lust des Lebenskampfes: das Dröhnen des Donners schreckt sie.

Der dumme Pinguin versteckt ängstlich den feisten Körper zwischen den Felsen . . . Nur der stolze Sturmvogel schießt kühn und frei dahin über dem gischtgrauen Meere!

Immer finsterer werden die Wolken, immer niedriger senken sie sich zum Meer, und die Wogen singen und tanzen empor, dem Donner entgegen.

Der Donner kracht. Zornig schäumen und ächzen die Wogen im Kampf mit dem Wetter. Mit fester Umarmung packt der Sturmwind ganze Scharen von Wo-

gen und schleudert sie in wilder Bosheit gegen die Felsen, wo die smaragdgrünen Massen zu Schaum und Staub zerstieben.
Der Sturmvogel schießt schreiend durch die Luft, einem schwarzen Blitze gleich, durchdringt wie ein Pfeil das Gewölk, streift mit dem Flügel den Gischt der Wogen.
Er schwebt daher wie ein Dämon – ein stolzer, schwarzer Dämon des Sturmes, und er lacht und schluchzt ... Er lacht über die Wolken, er schluchzt vor Freude!
Er lacht, der Dämon – denn sein feines Ohr hört aus dem Zorn des Donners längst die Ermüdung, die Schwäche heraus; er ist überzeugt, daß das schwarze Gewölk die Sonne nicht verbergen – nein, nimmer verbergen kann!
Der Sturmwind heult ... Der Donner kracht ...
Mit blauer Flamme lodern die Wolkenmassen über die Tiefe des Meeres. Das Meer fängt die Pfeile der Blitze auf und löscht sie aus in seinem Abgrund. Wie feurige Schlangen bohren sich die Reflexe der Blitze ins Meer und verschwinden.
»Der Sturmwind! Ha, wie er tobt!«
Der kühne Sturmvogel schießt stolz zwischen den Blitzen über dem zornig brüllenden Meere dahin; und er schreit, ein Prophet des Sieges:
»Tobe nur, Sturmwind, tobe – immer stärker, wilder! ...«

MAXIM GORKI, 1901

DER FRIEDE

Rußland ist am Ende . . . zuletzt
Haben wir es zerredet, zerschwätzt,
Bloßgelegt, versoffen, ausgespien,
Verdreckt auf schmutzigen Plätzen,
Auf den Straßen verkauft: Braucht nicht
Jemand ein Stück Land, Republiken oder Freiheit,
Bürgerrechte? Und das Volk, es zerrt die Heimat
Auf den Mist wie ein Stück Aas.
O Herr, reiß die Erde auf, vertreib uns,
Schick uns Brand, Pest und Plage,
Schick von Westen uns die Germanen,
    von Osten die Mongolen,
Gib uns wieder fort als Sklaven,
Daß in Demut und vollkommen
Wir des Judas Sünde büßen bis zum Jüngsten Tag.

MAXIMILIAN WOLOSCHIN, 1917

WARUM durchlöchert man die alte Kathedrale? Weil hier hundert Jahre lang der fette Pope rülpsend Bestechungsgelder kassiert und mit Wodka gehandelt hat. Warum beschmutzt man die dem Herzen so vertrauten herrschaftlichen Gutshäuser? Weil dort junge Mädchen vergewaltigt und ausgepeitscht wurden, wenn nicht von diesem Herrn, dann von seinem Nachbarn.

Warum holzt man hundertjährige Parks ab? Weil unter den üppigen Linden- und Ahornbäumen die Herren hundert Jahre lang ihre Macht demonstriert, dem Bettler ihren Geldbeutel und dem Narren ihre Bildung unter die Nase gerieben haben.

Das ist es.

Ich weiß, was ich sage. Man kann die Augen nicht davor verschließen. Man darf es nicht totschweigen, und dennoch wird es verschwiegen.

Ich bezweifle niemandes persönliche Anständigkeit, niemandes persönlichen Kummer; aber sind wir denn für die Vergangenheit verantwortlich? Wir sind Glieder einer einzigen Kette. Oder lasten auf uns nicht die Sünden der Väter? Wenn dies auch nicht alle spüren, die »Besten« müssen es spüren.

ALEXANDER BLOK, 1918

ALS SEINE FRAU STARB – viel zu früh, geschwächt von Hunger und verschleppten Krankheiten, in Armut und Verlassenheit –, hatte sich Puchow gegen die unverständliche Ungerechtigkeit und Widernatürlichkeit dieses Geschehnisses empört. Und damals hatte er geahnt, welches Ziel eine Revolution, überhaupt jedes menschliche Aufbegehren, anstrebte. Aber die ihm bekannten Kommunisten lachten verächtlich (. . .) und sagten: »Du verlangst zuviel, Puchow, unsere Aufgabe ist geringer, aber wichtiger!«
»Ich gebe euch ja auch keine Schuld! (. . .) Der Schritt eines Menschen mißt ein Arschin, einen größeren Schritt kann er nicht machen! Wenn er aber tüchtig voranschreitet, kann er doch sehr weit kommen. (. . .) Natürlich, wenn man so dahingeht, denkt man nur an den nächstliegenden Schritt. (. . .) Andernfalls würde man diesen ersten Schritt kaum tun!«
»Na siehst du, du gibst selbst zu, daß man ein festes Ziel vor Augen haben muß«, antworteten die Kommunisten, und Puchow dachte, daß sie Kinder seien und Gott vergebens verfolgten: Puchow war nicht etwa ein Betbruder, aber die Menschen waren gewohnt, der Religion ihr Herz anheimzugeben, die Revolution aber konnte ihr Herz nicht mehr brauchen.
»Du mußt eben versuchen, deine Klasse zu lieben«, rieten ihm die Kommunisten.
»An die muß ich mich erst noch gewöhnen«, entschied Puchow. »Doch das Volk wird an dieser Leere leiden; um seines heimatlosen Herzens willen wird es euch noch einen Scheiterhaufen errichten!«

ANDREJ PLATONOW, 1928

MIT DER bolschewistischen Oktoberrevolution des Jahres 1917 trat der russische Mensch, wie einst Dante, seinen Gang durch die Hölle an. Wohl haben die Kommunisten Rußland Macht und Weltgeltung verschafft, die es bis dahin in diesem Maße noch nie besessen hatte. Aber ungeheuerlich war der Preis, mit dem das russische Volk diesen Fortschritt bezahlen mußte. Millionen von Deportierten, Millionen von Toten! Die nachträgliche Verurteilung der stalinistischen Diktatur und der stalinistischen Verbrechen durch Leute, die zum Teil an diesen Verbrechen beteiligt waren oder doch auf irgendeine Weise von ihnen profitierten, schafft das begangene Unrecht nicht aus der Welt. Unbestreitbar ist, daß die technischen Fortschritte und Erfolge, die Sowjetrußland aufzuweisen hat, das russische Volk mit Stolz erfüllen; unbestreitbar ist, daß die Besiegung der deutschen Invasoren im Großen Vaterländischen Krieg weitgehend als ein Erfolg des Regimes gewertet wird, das die Kraft Rußlands zu organisieren verstanden hat. Aber ebenso unbestreitbar ist, daß trotz aller äußeren Erfolge das russische Volk und der russische Mensch im Vergleich zu früheren Zeiten innerlich nicht glücklicher geworden sind. Die alte Autokratie des Zarentums ist durch eine noch rigorosere Autokratie der Partei abgelöst worden; einer Partei, die als Organisation das Machtinstrument einer Oligarchie darstellt, einer neuen Klasse, die in der Machtausübung als solcher ihren Lebenszweck sieht.

Auf machiavellistische Art hat Lenin verstanden, das politische und soziale Freiheitsverlangen des russischen Volkes in den Dienst der bolschewistischen

Revolution zu stellen. Im Grunde genommen hat die Hoffnung auf Freiheit die Russen bis zum heutigen Tage das bolschewistische Regime ertragen lassen. Denn das russische Volk ist von unendlicher Geduld und Langmut. Wie lange Zeit auch immer noch Rußland unter der Knechtschaft des heutigen Regimes zu leiden haben wird, so steht trotzdem eines fest: die bolschewistischen Jahrzehnte sind nur eine Etappe des Weges, auf dem das russische Volk zur Freiheit drängt. Den Russen verlangt es nicht nach formaler Freiheit, die es den Westeuropäern so sehr angetan hat. Er sehnt sich nach einem Leben, das in sich selbst frei ist, nach einem Leben voll menschlicher Würde, die nicht an gesellschaftlichen oder materiellen Maßstäben gemessen wird.

VALERIJ TARSIS, 1967

FAST ALLE sowjetischen Menschen, die keine amtlich abgestempelte Denkweise haben, sind sich darüber einig, *was* unsere Gesellschaft eigentlich braucht, worum man kämpfen, was man anstreben soll: die FREIHEIT und das parlamentarische Mehrparteiensystem. Diese Ansicht teilen auch die Anhänger des Sozialismus und viele andere. (...)
In dieser fast völligen Einmütigkeit macht sich unsere traditionelle, passive Nachahmung des Westens geltend: Die Wege Rußlands können nur eine Wiederholung der westlichen sein, es strengt zu sehr an, nach anderen zu suchen. Wie S. Bulgakow es treffend gesagt: »Das Westlertum ist die geistige Kapitulation vor dem kulturell Stärkeren.« (...)
Heute befinden sich die westlichen Demokratien in einer politischen Krise und in geistiger Verwirrung. Und weniger noch als im ganzen vorigen Jahrhundert steht es uns an, im westlichen parlamentarischen System den *einzigen* Ausweg für unser Land zu sehen. Um so weniger, als die Bereitschaft Rußlands dazu, die schon im Jahr 1917 sehr gering war, im Laufe des letzten halben Jahrhunderts nur noch geringer geworden sein dürfte.
Es ist zu beachten, daß es in der langen Geschichte der Menschheit gar nicht so viele demokratische Republiken gegeben hat; die Menschen haben jahrhundertelang ohne sie gelebt und fühlten sich gar nicht immer schlechter dabei. Sie haben sogar jenes vielberedete *Glück* erfahren, das manchmal patriarchalisch, pastoral genannt und sicher nicht von der Literatur erfunden worden ist. (...)
Auch Rußland hat viele Jahrhunderte unter der auto-

ritären Macht verschiedener Arten gelebt – und hat dabei seine Gesundheit bewahrt und keine Selbstvernichtung erlebt wie im 20. Jahrhundert. Und in den zehn Jahrhunderten davor waren die Millionen unserer bäuerlichen Ahnen bei ihrem Tode nicht der Ansicht, sie hätten ein schier unerträgliches Leben geführt. (...)
Selbstverständlich weisen die autoritären Staatssysteme, neben den Vorzügen der Stetigkeit, der legitimen Erbfolge, der Unabhängigkeit von politischen Erschütterungen, auch ihre großen Gefahren und Mängel auf. Gefahr falscher Autoritäten und das gewalttätige Festhalten an ihnen; Gefahr willkürlicher Entscheidungen und die Schwierigkeit, solche Entscheidungen zu berichtigen; Gefahr eines Abgleitens in die Tyrannei. Furchtbar sind jedoch nicht die autoritären Regime, sondern Regime, die niemand und nichts verantwortlich sind. Die Autokraten der früheren, religiösen Jahrhunderte haben bei aller nach außen unbegrenzten Macht ihre Verantwortung vor Gott und dem eigenen Gewissen gespürt. Die Autokraten unserer Zeit aber sind darum gefährlich, weil es schwer ist, höchste Werte zu finden, denen sie verpflichtet wären. (...)
Das bei uns bestehende Staatssystem ist nicht deswegen furchtbar, weil es undemokratisch, weil es auf der Grundlage des physischen Zwangs autoritär aufgebaut ist – unter solchen Bedingungen kann der Mensch noch ohne Schaden an seinem geistigen Wesen existieren. Das weltgeschichtlich Einzigartige unseres heutigen Systems besteht darin, daß es, über alle physischen und ökonomischen Zwänge hinaus, von

uns auch noch eine vollständige *Hingabe der Seele* verlangt: die unaufhörliche aktive Teilnahme an der gemeinschaftlichen, allen ersichtlichen *Lüge*. Dieser Schändung der Seele, dieser geistigen Versklavung können Menschen nicht zustimmen, sofern sie *Menschen* bleiben wollen.

ALEXANDER SOLSCHENIZYN, 1969/73

DIE SEELE für Gott, den Leib für den Staat
und den Rücken zur eigenen Herrschaft.

WLADIMIR DAL, 1862

VERTRAU auf Gott, sei aber selbst auch nicht dumm.

Laß einen Dummkopf zu Gott beten, und er wird sich die Stirn aufschlagen.

RUSSISCHE SPRICHWÖRTER

WENN MAN mir mathematisch beweisen würde, daß die Wahrheit nicht in Christus ist, so würde ich es vorziehen, mit Christus zu bleiben, als mit der Wahrheit?

FJODOR M. DOSTOJEWSKIJ, 1871

DER RUSSE tut nichts anderes, als Gott mit Rationalisierungsvorschlägen zu versuchen. Er schlägt ihm mal diese, mal jene Variante zur Umorganisation der Welt vor. Gott hat mit dem russischen Menschen viel Mühe.

ABRAM TERZ, 1973

DIE RUSSISCHE KIRCHE – der »Schutzmantel«. Das Innere – nicht Unendlichkeit, nicht Kosmos, nicht Sphärenharmonie, sondern vor allem Wärme, Schutz, Behagen. Unsere Ahnen hatten die Gewohnheit, sich in der Kirche zu wärmen, den Staatsschatz aufzubewahren und vor dem Feind Rettung zu suchen. Eine russische Kirche betreten – das ist ein bißchen so, als würden wir unter eine Decke kriechen oder einen Pelz über den Kopf ziehen.

ABRAM TERZ, 1973

. . . ALEXEJ klappte das Buch zu. Ihm war sonderbar zumute. Er hatte das eine begriffen und das andere nicht, er hatte das über Gott ausgelassen, jedoch die Betrachtung darüber, wo die Liebe herkommt, nämlich nicht von der Geliebten, die so winzig klein und obendrein zufällig ist, und gewiß auch nicht aus ihm, welcher ebenfalls ungemein klein ist, wenn aber nicht aus ihm, woher dann? – diese Betrachtung hatte ihn beeindruckt.

ANDREJ BITOW, 1976

ICH PREISE
die Heimat,
so wie sie ist:
doch dreifach
die kommende
preis ich.

WLADIMIR MAJAKOWSKI, 1927

BEI SEHR VIELEN – ich möchte fast sagen: bei den meisten Russen – ist die geistige Unbeständigkeit derartig, daß es ihnen niemals dort gefällt, wo sie sich gerade befinden, und daß sie nichts bis zur Neige auskosten können. Sie brauchen fortwährend Neues, Unvorhergesehenes, stärkere Erregungen, mächtigere Erschütterungen, gepfeffertere Unterhaltungen; daher die fortwährende Sucht nach Reiz- und Betäubungsmitteln, eine unersättliche Gier nach Abenteuern und die leidenschaftliche Vorliebe für Verirrungen.

Um das Gespräch zusammenzufassen, das mir diese Bemerkung eingab, brauche ich nur das schwermütige Geständnis niederzuschreiben, das Turgenjew in den Mund einer seiner Heldinnen legt, der verführerischen Anna Sergejewna Odintzow: »Warum, selbst wenn wir uns an einem musikalischen Genuß, an einem schönen Abend oder an einem vertraulichen Gespräch mit jemandem, der uns sympathisch erscheint, erfreuen, warum erscheint uns dieser Genuß eher wie eine Anspielung auf ein unbekanntes fernes Glück, als ein wirkliches Glück, das wir tatsächlich genießen?« Und der Freund, der ihr zuhört, antwortet ihr: »Man fühlt sich nur dort wohl, wo man nicht ist!«

MAURICE PALÉOLOGUE, 1922

LIED

So groß ist die Sehnsucht, in der ich verbrenne,
  Immer verbrenne!
Ich strebe nach etwas, das ich gar nicht kenne,
  Nicht kenne . . .

In brennender Sehnsucht die Tage verstreichen,
  Zerrinnen, verstreichen;
Die Seele erwartet ein Wunder, ein Zeichen,
  Ein Zeichen!

Was unmöglich ist, das soll jetzt geschehen,
  Muß jetzt geschehen:
Ich will es vom lieblosen Himmel erflehen,
  Ich werd' es erflehen!

SINAIDA HIPPIUS, 1893

VIII.

DER STOLZE BLICK
DES FREMDEN
BEGREIFT UND BEMERKT NICHT,
WAS IN DEINER DEMÜTIGEN
NACKTHEIT
DURCHSCHEINT
UND VERBORGEN LEUCHTET.

Fjodor Tjuttschew, 1857

JA, ICH WEISS, diese Völkerscharen, die sich durch Moskaus Straßen bewegen, haben nicht ihr Auto um die Ecke stehen, die meisten wohnen zu eng, viele von ihnen hätten gern westliche Schuhe, einen westlichen Hut oder eine westliche Bluse, aber ich bin mir nicht sicher, ob sie – plötzlich in den Westen versetzt – fröhlicher oder entspannter wären. Nur wenige Emigranten sind hier so glücklich, wie wir sie gern hätten. Es fehlt ihnen etwas – nein, nicht die sowjetischen Hüte, Schuhe, Blusen: es fehlt ihnen – mag man die gesamte russische Literatur in einen Computer füttern, um endlich herauszufinden, was das ist – es fehlt ihnen Rußland. Ich nehme an, es fehlt ihnen, um fröhlich zu sein, und es fehlt ihnen, um richtig traurig zu sein, und es fehlt ihnen möglicherweise sogar, was ihnen *dort* fehlte. Ich werde mir nicht anmaßen, die russische Seele zu ergründen, ich möchte nur feststellen: Es gibt sie.

HEINRICH BÖLL, 1976

RUSSLAND, dieses schöne Reich,
Würde mir vielleicht behagen,
Doch im Winter könnte ich
Dort die Knute nicht ertragen.

HEINRICH HEINE, 1830

DER EINZIGE VORTEIL, den wir ihnen [den Polen] verdanken, ist jener Russenhaß, den sie bei uns gesät und der, still fortwuchernd im deutschen Gemüte, uns mächtig vereinigen wird, wenn die große Stunde schlägt, wo wir uns zu verteidigen haben gegen jenen furchtbaren Riesen, der jetzt noch schläft und im Schlafe wächst, die Füße weitausstreckend in die duftigen Blumengärten des Morgenlands, mit dem Haupte anstoßend an den Nordpol, träumend ein neues Weltreich . . .

HEINRICH HEINE, 1840

DIE RUSSEN sind in Deutschland so russich, wie in Petersburg und Moskau; sie reisen großentheils als wißbegierige Touristen, aber ihre Individualität geht in den Bildergallerien und Museen nicht zu Grunde. (...)
Das Bild, wie der Russe sich gemüthlich einrichtet in der Fremde, führt uns zu einer Erscheinung, die im verflossenen Winter zum ersten Male in Dresden aufgetaucht ist. Wir meinen die russischen Vorlesungen. (...) Eine deutsche Abendunterhaltung dieser Art würde unfehlbar Fiasco machen. Wollte Jemand uns Rückert's, Uhland's, sogar Schiller's und goethe's Gedichte öffentlich vorlesen und uns zumuthen, den Platz mit 20 Groschen zu bezahlen, er hätte gewiß außer dem glänzenden Kreise der Gaslampen keine Zuhörerschaft zu erwarten. (...) Die obenerwähnten russischen, von Damen veranstalteten Vorlesungen aber waren besucht. (...) Die Fürstin *Schalikoff*, auf das vorteilhafteste durch andere Kräfte unterstützt, brachte nur Originalschöpfungen zum Vortrag. Der bekannte *Markewitsch*, Freund Turgenew's, (...) trug unter lebhaftem Beifall das schöne Gedicht des gegenwärtig hier weilenden Grafen Alexis Tolstoy »die Sünderin« und die Scenen aus Gogol's Meisterwerk, »die todten Seelen« – die Dichterin Karoline *Pawlow* ihre schwungvolle Dichtung »Ein Gespräch im Trianon« vor. (...) Wir müssen die Russen beneiden um einen solchen Genuß; uns ist er vollkommen unbekannt. (...) Die Zuhörer sind in der Fremde, und die Zauberklänge der Poesie tönen ihnen wie ein Gruß aus der fernen Heimath. (...) Das Gemüth des Russen ist empfänglicher für derartige Eindrücke; sein Enthu-

siasmus für die Poesie ist noch die eines Jünglings – der unsrige bedarf einer ungewöhnlichen Anregung, um einmal aufzulodern. Der Wohlklang eines elegant gebauten Verses entzückt ihn – wir suchen den Gedanken darin, und verderben uns dadurch die Freude. Der Russe pflückt die Blume am Wege, um sich an ihr zu ergötzen – wir pflücken sie auch, aber um zu untersuchen, zu welcher Pflanzenfamilie sie gehört.

»RUSSISCHE REVUE«, 1863

DA FÜHLT MAN, es ist ein Kern in dem Volke, ein festes, unzertreibliches Dasein. Auch hat der gemeinste Kerl eine Miene, die sagt: *ich bin etwas*, den Ausdruck einer großen, unverwüstlichen Gemeinsamkeit, etwas einem Stolze Ähnliches, wovon der wehmütige Deutsche keine Ahnung hat.

ERNST MORITZ ARNDT, 1840

UEBERHAUPT zeigen die gemeinen Russen, auch wenn sie betrunken sind, noch immer viel Religiosität. Begegnet einem, wenn er nach Hause taumelt, ein Pope: so nimmt er die Mütze ab, und neigt sein Haupt zu dem Geistlichen hin, damit er die Hand darauf legen und ihn segnen möge. Dies geschieht selbst in Augenblicken, wo der Ruße seiner so wenig mehr mächtig ist, daß er, wenn er sich kaum einige Schritte entfernt hat, niederstürzt und auf offener Straße liegen bleibt, um seinen Rausch auszuschlafen.

CHRISTIAN GOTTLOB ZÜGE, 1802

RUSSLAND, jener Kolosse, aus Schnee, Eis und Blut zusammen geknetet, und mit der schwachen, aber zähen Lebenskraft eines Amphibions begabt, – der wie der Krokodill, seine meiste Stärke in dem ungeheuren Schwanze besitzt, und eben, wie dieser, da wo er trifft, schwer auffällt; aber wenn man ihm auszuweichen versteht, unter seiner eignen Schwerfälligkeit erliegt – rückte wie ein Alpengletscher immer weiter vorwärts ins cultivirte Europa; sein Fuß verschlang von Jahr zu Jahr immer mehr urbares Land. Wie die Sarazenen einst diesen Erdteil mit einer Überschwemmung von Westen nach Osten bedrohten, so rückte jetzt dies wilde, rohe, die Cultursaat ganzer Jahrhunderte niedertretende Volk, (...) von Osten nach Westen hin, vor; Nacht folgte ihm auf dem Fuße. Barbarey und Dummheit giengen in seinem Gefolge. Ein Ruinenstück der Cultur des 14. Jahrhunderts, hatte es schon lange die Grenzen überstiegen, die die Natur jedem gut organisirten Staate setzte; auf der ungeheuren Tafel, mit der einen Kante in das ewige Eis des Nordpols eingefügt, auf der andern mit Asiens Paradiesen zusammenhängend, vereinigte es alle Zwischenstufen, die den Übergang von europäischer Aufklärung zur wildesten Barbarey, und von dieser wieder heraufwärts zur chinesischen Halbkultur, bilden. Die Knute und der Schrecken band die ungeheure Masse zusammen, die ohne dies bald in ihre heterogenen Elemente zerfallen würde; und nun nagte es noch heißhungrig an dem übrigen Europa, und eine Trümmer nach der andern sank in den unersättlichen Schlund.

JOSEPH VON GÖRRES, 1798

KEIN UNBEFANGENER wird leugnen, daß Preußen, wie ganz Deutschland, Rußland seine Befreiung verdankt; aber das Gewicht dieser großen Wohlthat, drückt den Preußischen Nationalstolz schwer. Es ist leider eine böse Unart der meisten menschlichen Herzen, daß sie gegen einen Wohlthäter, dem sie nicht vergelten können, eine Art von Widerwillen empfinden. Diesen Widerwillen, fast mögte ich ihn Haß nennen, äußerten die Preußen bei jeder Gelegenheit gegen die Russen; verkleinerten ihre Thaten; schrieben sich selbst die glücklichen Erfolge, den Russen höchstens die Veranlassung zu, brüsteten sich gar zu gern mit höherer Bildung, sprachen verächtlich vom Charakter der Russen, nannten sie unwissend und plünderungssüchtig, und – vor allen Dingen, wenn irgend ein russischer Soldat sich die kleinste Ausschweifung erlaubt hatte, so war des Geredes darüber und der Klagen kein Ende, da sie doch vormals die ärgsten Bedrückungen der Franzosen geduldig ertragen hatten.

AUGUST VON KOTZEBUE

EINER DER moralischen Charakterzüge, die ich bei den Russen immer wieder beobachte, ist ihre Neigung zur raschen Ergebung, ihre Fügsamkeit, sich vor dem Unglück zu beugen. Oft warten sie nicht einmal darauf, daß die Schicksalsentscheidung gefallen sei: es genügt ihnen, sie vorauszusehen, um ihr gleich zu folgen. Sie unterwerfen sich ihr und passen sich ihr sozusagen im vorhinein schon an.

MAURICE PALÉOLOGUE, 1922

IN RUSSLAND ist der, welcher lacht, ein Schauspieler, ein Schmeichler, oder ein Betrunkener.

Alles ist hier einstimmig, Volk und Regierung. Die Russen würden den Wundern des Willens, deren Zeugen, Mitschuldige und Opfer sie sind, nicht entsagen wollen, wenn es sich darum handelte, alle Sclaven, welche dabei das Leben verloren, wieder zu erwecken. Ich wundre mich nicht, daß ein Mensch, der in der Selbstvergötterung aufgewachsen ist, ein Mensch, der von sechzig Millionen Menschen oder Halbmenschen allmächtig genannt wird, solche Dinge unternimmt und ausführt; aber ich wundere mich, daß unter den Stimmen, welche diese Dinge zum Ruhme dieses einzigen Menschen erzählen, auch nicht eine von dem allgemeinen Chore sich abtrennt, um zu Gunsten der Wahrheit gegen die Wunderthaten der Autocratie zu protestiren. Man kann die Russen, die Großen wie die Geringen, von Scalverei trunken nennen.

ASTOLPHE DE CUSTINE, 1839

DER DEUTSCHE hat etwas arg dünne Beinchen
und seine Seele ist ein wenig kurz.

Was dem Russen nicht bekommt,
daran krepiert der Deutsche.

WLADIMIR DAL, 1862

WAS IN Europa jeweils Mode,
nicht paßt zu unserm Mostrichpott,
das segnet und erhebt zum Code
Mütterchen Rußlands lieber Gott.

Ausländer sieht man ringsum schalten
willkürlich, unsrem Volk zum Spott.
Besondre Gunst erweist den Deutschen
Rußlands so vielgepriesner Gott.

PJOTR WJASEMSKIJ, 1828

KEINE GESELLSCHAFT ist der Langeweile zugänglicher als die russische; keine entrichtet dieser moralischen Plage einen so schweren Zoll. Ich beobachte es täglich. Lässigkeit, Schlaffheit, Betäubung, Ratlosigkeit; müde Haltung und Gähnen; jähes Erwachen und plötzliche Eingebungen, rascher Überdruß; unersättliche Abwechslungsgier, andauerndes Bedürfnis, sich zu zerstreuen, sich zu betäuben; tolle Verschwendungssucht, Vorliebe für Ausschweifungen, für lärmende, übertriebene Schlemmerei, Furcht vor der Einsamkeit, ununterbrochener Austausch von zwecklosen Besuchen und unnützen Telephongesprächen, seltsame Auswüchse von Frömmigkeit und Wohltätigkeit, Wohlgefallen an krankhaften Träumen und düsteren Vorahnungen, alle diese Eigentümlichkeiten des Benehmens sind nichts als eine mannigfache Kundgebung der Langeweile. Aber zum Unterschiede von dem, was in unseren westlichen Kreisen vorgeht, scheint mir die russische Langeweile meistens unbegründet, unterbewußt. Diejenigen, die sie empfinden, zergliedern sie nicht, sprechen nie ausführlich darüber, sie ergehen sich nicht, wie die Jünger Chateaubriands oder Byrons, Sénancours oder Amiels, in Grübeleien über den unbegreiflichen Traum des Lebens und die Eitelkeit des menschlichen Schaffens; sie schöpfen keinerlei stolzen oder poetischen Genuß aus ihrer Schwermut. Ihr Mißbehagen ist viel weniger geistig als körperlich: es ist ein Zustand unbestimmter Unruhe, verborgener leerer Traurigkeit.

MAURICE PALÉOLOGUE, 1922

LASST UNS Deutschland ein Beispiel sein. (. . .) Die dortigen Pastoren gehen nicht zu den Mahlzeiten nach Taufen, Geburtstagen, Hochzeiten, Bestattungen. Nicht nur in Städten, sondern auch in Dörfern glauben sie, daß es schändlich sei, und wenn man von einem erfährt, daß er säuft, verliert er sofort seine Stellung. Bei uns aber sind bei jedem Festmahl, in Städten wie in Dörfern, eben die Popen die ersten Säufer. Dem nicht genug, nach den Mahlzeiten gehen sie noch in Schänken, zetteln manchmal auch blutige Schlägereien an.

MICHAIL W. LOMONOSSOW, 1761

ICH BIN NIEMALS den Regeln jener gefolgt, die sich ohne jegliche Prüfung der inneren von einigen äußerlich glänzenden Gaben der Ausländer betören lassen und nicht nur fremde Länder dem Vaterland vorziehen, sondern auch – ganz Rußland zur Schmach – ihre Landsleute verabscheuen und glauben, daß der Russe von den Ausländern alles entlehnen muß, den Charakter eingeschlossen.

NIKOLAJ NOVIKOV, um 1770

MIT DEN DEUTSCHEN ist kein Zusammenleben möglich! Geben wir uns mit ihnen doch ab, so werden wir zusammen in der Hölle landen. (...) Richte Dich nicht zugrunde, laß Dich mit ihnen nicht auf Bekanntschaften ein; sollen sie doch verrecken, die Verfluchten!

NIKOLAJ NOVIKOV, 1772

DER DEUTSCHE (...) Indes, da Sie so offen sprechen, würde mich interessieren, welche Meinung Sie von Ihrem Freund haben, der Ihnen so großzügige Gefälligkeiten erwies und dessen tugendhaftes Herz Sie soeben laut priesen. Würden Sie mir Ihre aufrichtige Meinung über ihn sagen?

Der Franzose. Sehr gern. Ehrlich gesagt, ich halte ihn für einen einfältigen, leichtgläubigen und dummen Menschen ... Wie konnte er den Beteuerungen eines jungen Leichtfuß Glauben schenken, der sein Vaterland verließ, um sich in der Fremde in Kneipen und auf Volksbelustigungen herumzutreiben und sinnlos sein in der Heimat erworbenes Geld zu verschwenden? Wie kann man das glauben, was ich über meine Herkunft sage? Es hätte ihm doch in den Sinn kommen müssen, daß, wäre ich wirklich von solcher Herkunft und verfügte ich auch nur über die allergeringsten Revenuen, ich mein Vaterland wohl nicht verlassen und nicht Vertrautes aufgegeben hätte, um dem Unbekannten hinterherzujagen. – Aus alledem ziehe ich den Schluß, daß mein neuer Freund nichts anderes ist als ein gutmütiger Klotz, der gleicherweise für Gutes wie für Schlechtes zu gebrauchen ist. Und diesen Fehler gewahre ich bei zahlreichen Landsleuten meines Freundes: Sie verlassen sich zu sehr auf Treu und Glauben und können Wahrheit von Trug nicht unterscheiden; dabei ist das Folgende beachtenswert: Obwohl der Deutsche und der Engländer sie nicht betrügen und mit ihnen rechtschaffen und ehrlich umgehen, lieben sie diese nicht und nehmen ihre Sitten nicht an. Wollten diese sie hintergehen, so ließen sie sich das niemals von ihnen gefallen; dem Franzosen hingegen ist das Innerste der Seele und des Herzens eines Russen offen; er fürchtet seine Verschlagenheit, gewährt ihm jedoch überall Zutritt und kann sich nicht von ihm trennen; er sieht, daß dieser ihn betrügt, und gibt doch vor, ihm zu glauben; er weiß, daß dieser ihn nicht liebt, doch bemüht sich jener, ihn sich durch Gefälligkeiten und Gunstbezeugungen zu verpflichten; er versteht, daß er über ihn herrschen und ihn zu seinem Vorteil lenken will, gehorcht aber trotzdem und tut, als ob er es nicht wahrnimmt; mit einem Wort, den Umgang eines Russen mit einem Franzosen kann man vergleichen mit einem Menschen, der seinen Lastern frönt und manchmal fühlt, daß er lasterhaft handelt, jedoch nicht abläßt, es zu tun. Dies ist meine aufrichtige Meinung, die Sie zu erfahren wünschten.

Der Deutsche. Ihre letzten Worte sind wahr: Aber warum schmeicheln Sie Ihrem Freund so offenkundig? Weshalb täuschen Sie ihn und belassen ihn in seinem Irrtum? Weshalb nutzen Sie seine Schwächen aus? Ich an Ihrer Stelle würde ihm all das offen ins Gesicht sagen, was Sie hinter seinem Rücken sagen.

Der Franzose. He, he, he, mein lieber deutscher Philosoph, du verirrst dich ins Altertum; solche Hochherzigkeit findet man bei uns nur im Märchen. Meine Philosophie ist anders als die deine. Hör her: Alle suchen doch den Stein der Weisen, mit Hilfe dessen man jegliches Metall in Gold verwandeln kann, nicht wahr? – Wisse, mein lieber Prediger, daß diesen Stein

ein Franzose in Rußland gefunden hat und ihn in Händen hält; mit seiner Hilfe verwandle ich meine Laster in Tugenden und die russischen Tugenden in Laster, zumindest dem Anschein nach; jedes Wort, jede List, jede Lüge verwandle ich in Gold; leider kann ich nur an Russen Wunder tun; wenn es mir gelänge, ähnliches auch bei anderen Völkern zu vollbringen, so hätte man mir als Franzosen schon längst ein Denkmal setzen müssen ...

Der Deutsche. Brüste dich nicht mit deinen Vorzügen, mein Freund: Ihr Flackern ist wie das fauligen Holzes nur bei Dunkelheit zu sehen; am russischen Horizont ist aber längst die Sonne aufgegangen, von ihrem Thron erleuchtet sie ganz Rußland und erweckt mit ihren Wohltaten am russischen Volk alle aus ihrem Schlafe. Höre auf meinen Rat, bilde dir nicht so viel auf das nächtliche Glimmen deiner äußerlichen Gaben ein und glaube mir, daß der Respekt der verständigen Russen – die leichtsinnigen ausgeschlossen – nicht dir, dem Franzosen, gilt, sondern der französischen Sprache. (...) Ehrlichkeit und Gerechtigkeit verlangen von mir, dich aus deinen Irrtümern zu befreien und den Russen Gerechtigkeit widerfahren zu lassen, darum höre mich geduldig an. Die Russen haben, was die Wissenschaften und Künste anbelangt (deren vor allem ihr euch rühmen solltet), ebensoviel Scharfsinn, Verstand und Geisteskraft wie die Franzosen, sie haben aber weit mehr Beharrlichkeit, Geduld und Fleiß; der Unterschied zwischen einem Franzosen und einem Russen besteht lediglich darin, daß der eine viel später begann, sich mit der Wissenschaft zu beschäftigen, als der andere. (...) Ja, wenn es in der Macht der Menschen stünde, zur Aufklärung den Russen auch ihre vormaligen Sitten zurückzugeben, die durch die Einführung der Haarbeutel zugrunde gerichtet wurden, dann könnte man sie als Vorbild hinstellen. Mir will scheinen, daß die alten russischen Herrscher in ihrer Weisheit irgendwie vorausahnten, daß mit der Einführung der Wissenschaften und Künste das wertvollste russische Gut, die Sitten, unwiderbringlich verlorengehen würde; aus diesem Grunde wollten sie lieber ihre Untertanen in einigen Bereichen der Wissenschaft unwissend sehen, dafür aber als tugendhafte Menschen mit guten Sitten, Gott, dem Herrscher und dem Vaterland treu ergeben. – Erwidere mir nicht, daß auch in alter Zeit die Russen ihre Laster hatten. Ich sage dir, alle Völker hatten zu allen Zeiten besondere Laster. Lies aufmerksam in deiner eigenen Geschichte, und du wirst dort mehr Barbarei finden, als es in Rußland gab.

NIKOLAJ NOVIKOV, um 1770

DER INGENIEUR Heinrich Maria Sause hatte einen Vertrag unterschrieben, ein Jahr lang in der UdSSR oder, wie er selbst als Genauigkeitsfreund es nannte, im Konzern »Herkules« zu arbeiten. »Geben Sie acht, Herr Sause«, hatte ihn ein Bekannter, Doktor der Mathematik Bernhard Gerngroß, gewarnt, »die Bolschewiken werden Sie zwingen, für ihr Geld zu arbeiten.« Aber Sause hatte ihm geantwortet, er scheue die Arbeit nicht und sei ja seit langem auf der Suche nach einem weiten Betätigungsfeld für seine Kenntnisse auf dem Gebiet der Mechanisierung der Forstwirtschaft.
Als Skumbrijewitsch Polychajew meldete, daß der ausländische Spezialist eingetroffen sei, tigerte der Chef des »Herkules« unter seinen Palmen hin und her.
»Der hat uns grade noch gefehlt! Wo haben Sie ihn hingesteckt?«
»Ins Hotel erst mal. Soll er sich ausruhen von der Reise.«
»Ausruhen?« schrie Polychajew. »Wir haben unheimlich viel Geld für ihn bezahlt, Devisen! Morgen früh Punkt zehn tritt der Mann hier an.«
Fünf Minuten vor zehn betrat Heinrich Sause in einer neuen kaffeebraunen Hose Polychajews Arbeitszimmer, schmunzelnd bei dem Gedanken an sein weites Betätigungsfeld. Aber der Chef war nicht da. Eine Stunde später war er auch nicht da, zwei Stunden später dasselbe. Heinrich Maria Sause ermüdete. Seine einzige Zerstreuung war Skumbrijewitsch, der von Zeit zu Zeit erschien und mit harmlosem Lächeln fragte: »Was denn, ist Towarisch Polichajew noch immer nicht da? Merkwürdig!«
(. . .)

In dieser Woche besuchte der Ingenieur Sause, geführt von dem liebenswürdigen Adolf Bomse, drei Museen, das Ballett »Dornröschen« sowie eine etwa zehnstündige Festsitzung zu seinen Ehren. Auf die Sitzung folgte ein inoffizieller Teil. Die ausgesuchten Herkulesleute waren sehr vergnügt, schwenkten Schnapsgläser und hohe Sewastopoler Stangengläser und riefen Sause immer wieder zu: »Trink es leer!«
(. . .)
Jedoch am Fünfzehnten folgte der Zahlmeister dem Sause sein Halbmonatssalär ohne Abzüge aus.
»Finden Sie nicht«, sagte Sause zu seinem neuen Freund Bomse, »daß man mir dieses Geld umsonst gezahlt hat? Ich leiste doch keinerlei Arbeit.«
»Verscheuchen Sie doch solch düstere Gedanken, Kollege!« schrie Adolf Bomse. »Übrigens, wenn Sie wollen, können wir Ihnen einen eigenen Schreibtisch in mein Zimmer stellen.«
Fortan korrespondierte Sause vom eigenen Schreibtisch aus mit seiner Braut.
»Mein liebes Krümelchen! Ich führe ein sonderbares, ungewöhnliches Leben. Ich mache rein gar nichts, bekomme aber pünktlich mein Geld. All das wundert mich sehr. Erzähle davon unserm Freund, dem Doktor Bernhard Gerngroß. Es wird ihn interessieren.«
Als Polychajew, aus Moskau zurückgekehrt, erfuhr, daß Sause schon seinen eigenen Schreibtisch hatte, freute er sich sehr.
»Na wunderbar!« sagte er. »Skumbrijewitsch soll ihn in unsere Arbeit einführen.«
Aber Skumbrijewitsch, der sich mit all seinem Feuer um die Gründung eines mächtigen Harmonikachors

bemühte, schob den Deutschen an Adolf Bomse ab. Dem gefiel das nicht. Der Deutsche störte ihn beim Frühstücken und mischte sich überhaupt in Dinge, die ihn nichts angingen. Daher reichte Bomse ihn an die Nutzungsabteilung weiter. Die jedoch war soeben in Reorganisation begriffen, was so aussah, daß endlos Schreibtische von Stelle zu Stelle geschleppt wurden, daher schickte man den Heinrich Maria Sause in den Finanz- und Rechnungssaal. Arnikow, Dreyfus, Sacharkow, Korejko und Borissochlebski, des Deutschen nicht mächtig, gelangten zu dem Schluß, daß Sause ein ausländischer Tourist aus Argentinien sei, und erläuterten ihm tagelang das Buchhaltungssystem im »Herkules«. Dabei bedienten sie sich des Taubstummenalphabets.

Nach einem Monat erwischte der aufgeregte Sause im Erfrischungsraum Skumbrijewitsch und verfiel in Schreien: »Ich will mein Geld nicht umsonst! Geben Sie mir Arbeit! Wenn das so weitergeht, beschwere ich mich bei Ihrem Patron!«

Die letzten Worte des ausländischen Spezialisten mißfielen Skumbrijewitsch. Er rief Bomse zu sich.

»Was hat der Deutsche?« fragte er. »Weshalb tobt er?«

»Wissen Sie«, sagte Bomse, »ich glaube, er ist einfach ein Querulant. Weiß Gott! Der Mann sitzt am Schreibtisch, tut keinen Fatz, kriegt ne Masse Geld und beschwert sich noch.«

»Wirklich, ein Stänker«, bemerkte Skumbrijewitsch. »Und das will ein Deutscher sein! Wir müssen Repressionen gegen ihn anwenden. Bei Gelegenheit steck ich's Polychajew. Der wird ihm schnell einen Dämpfer aufsetzen.«

Aber Heinrich Maria Sause hatte schon selber den Entschluß gefaßt, zu Polychajew vorzudringen. Da dieser jedoch ein hervorragender Vertreter jener Mitarbeiter war, die »vor einer Minute gegangen« oder »eben noch hiergewesen« waren, führte Sauses Versuch lediglich zum Sitzen auf der Holzbank. (...)
»Bjurokratism!« schrie der Deutsche und verfiel vor Aufregung in die schwierige russische Sprache. (...)
Heinrich Maria Sause, der Polychajew doch noch abgepaßt und ein sehr ernstes Gespräch mit ihm gehabt hatte, [verließ] den »Herkules« in völliger Verständnislosigkeit. Mit wirrem Lächeln begab er sich zur Post und schrieb dort am glasbedeckten Stehpult einen Brief an seine Braut in der Stadt Aachen:
»Mein liebes Mädchen! Ich beeile mich, Dir die frohe Kunde zu melden. Endlich schickt mich mein Patron Polychajew in die Produktion. Aber eines wundert mich, liebe Tilly – beim ›Herkules‹ nennen sie das ›einen Dämpfer aufsetzen‹. Mein neuer Freund Bomse hat mir mitgeteilt, daß ich zur Strafe in die Produktion geschickt werde. Kannst du dir das vorstellen? Und ob das je unser Freund versteht, der gute Doktor Bernhard Gerngroß?«

ILJA ILF/JEWGENI PETROW, 1931

IX.

RUSSLAND IST GLÜCK.
RUSSLAND IST LICHT.
VIELLEICHT ABER GIBT ES
RUSSLAND NICHT.

Georgij Iwanow, 1931

RUSSLAND ist Glück. Rußland ist Licht.
Vielleicht aber gibt es Rußland nicht.

Die Sonne hat nie die Newa gerötet,
Puschkin lag nie im Schnee, getötet,

kein Petersburg existierte je –
nur Felder, Felder, bedeckt von Schnee . . .

Nur Schnee, nur Schnee . . . und die lange Nacht
hat immer nur neue Fröste gebracht.

Nur Schnee, nur Schnee . . . und die Nacht ist dicht,
zu sehen ist weit und breit kein Licht.

Rußland ist Schweigen, der Asche Spur.
Vielleicht besteht es aus Zittern nur.

Eisiges Dunkel, Kugel, Strick,
und immer noch die verrückte Musik.

Ein Lagermorgen bescheint das Land,
für das die Welt keinen Namen fand.

GEORGIJ IWANOW, 1931

AMBIVALENZ ist, glaube ich, das Hauptmerkmal meiner Nation. Es gibt keinen russischen Henker, der sich nicht davor fürchtet, eines Tages Opfer zu werden, und kein Opfer, auch nicht das bemitleidenswerteste, das sich nicht (wenn auch nur insgeheim) die geistige Fähigkeit eingestehen würde, Henker zu werden. Unsere derzeitige Geschichte kennt genug Beispiele für beides. Darin liegt eine gewisse Weisheit. Man könnte sogar meinen, diese Ambivalenz *sei* Weisheit, das Leben selbst weder gut noch schlecht, sondern willkürlich. Vielleicht legt unsere Literatur solchen Nachdruck auf die Sache des Guten, weil sie so stark angefochten wird. Wäre dieser Nachdruck bloßes Zwiedenken, wäre das schön; aber er zerrt an den Instinkten. Diese Sorte Ambivalenz ist, glaube ich, genau jene »segensreiche Neuerung«, die der Osten, der sonst nur wenig zu bieten hat, dem Rest der Welt im Begriff ist aufzudrängen. Und die Welt sieht aus, als sei sie reif dafür.

JOSEPH BRODSKY, 1987

VERSTAND wird Rußland nie verstehn,
Kein Maßstab sein Geheimnis rauben;
So wie es ist, so laßt es gehn –
An Rußland kann man nichts als glauben.
Der kühle, wägende Verstand
Kann Rußlands Wesen nicht verstehen;
Denn daß es heilig ist, dies Land,
Das kann allein der Glaube sehen.

FJODOR TJUTTSCHEW, 1866

WIE JEDER POET, so übertreibt natürlich auch Tjuttschew: Rußland läßt sich durchaus durchschreiten, und es ist mit dem Verstand zu begreifen. Und dennoch hat Rußland eine wahrhaft besondere Statur. (...) Leider reimte man sich zu allen Zeiten etwas über dieses Land zusammen, wird es immer wieder tun, so wie ich mir wahrscheinlich auch jetzt etwas darüber zusammenreime. Man möchte es sich als etwas Ganzheitliches vorstellen, doch Rußland als etwas Ganzheitliches gibt es nicht und gab es auch noch nie. Es besteht aus einer Ansammlung von Landstrichen, Klimazonen, Bergen, Ebenen, Völkern, Sprachen und Kulturen. Rußland wird allgemein als Bär dargestellt. Genausogut könnte es allerdings auch als Hausen, Garbe, Lerche, Weinrebe oder Malachitblume dargestellt werden. Aus dem polytheistischen, heidnischen Rußland schneiderte man mit großer Beharrlichkeit das »orthodoxe Mütterchen Rußland«, so wie man es heute als Atheistin und

Komsomolzin darstellen möchte. (...) Fast ist es das größte Unglück Rußlands, daß es stets gelenkt wird, obwohl es sich am besten selbst lenken würde, wie auch ein großer Fluß von selbst fließt, das Gras auf der Wiese von allein wächst und die Sonne ohne unser Zutun scheint. (...) Ich liebe Rußland sehr – das Rußland, das ich kenne, und das ist ganz natürlich bei einem wahrhaft legitimen Sohn dieses Landes –, aber die Willensschwäche, die in diesem Land herrscht, kann ich nicht leiden. Dieses Land gestattet jedem beliebigen Amateurreiter, seinen Rücken zu besteigen. Ab und zu bäumt es sich auf und wirft den Reiter ab, um sich sogleich von einem anderen zügeln zu lassen. Wahrscheinlich ist der Bär doch das beste Sinnbild für Rußland – trotz seiner ungewöhnlichen Kraft läßt er sich doch leicht dressieren: Mit einem Ring in der Nase tanzt er zu jeder beliebigen Melodie.

MICHAIL OSORGIN, vor 1955

UNSERE russische Leidenschaftlichkeit setzt in solchen Fällen nicht nur uns, sondern ganz Europa in Staunen; wenn jemand von uns zum Katholizismus übergeht, muß er gleich Jesuit werden, und zwar ein ganz fanatischer; wenn er Atheist wird, verlangt er unbedingt gleich die Ausrottung des Gottesglaubens durch Gewalt, das heißt also ebenfalls mit dem Schwert! Woher kommt das, warum ist alles gleich so übertrieben? Wissen Sie das denn nicht? Weil er ein Vaterland gefunden hat, das er hier verpaßt hat, und sich darüber freut; er hat ein Ufer, er hat das Land erreicht und ist hingestürzt, um es zu küssen! Das geschieht ja nicht nur aus Eitelkeit, der russische Atheismus und die russischen Jesuiten gehen ja nicht nur aus schlechten, eitlen Gefühlen hervor, sondern auch aus seelischem Schmerz, aus geistigem Durst, aus Sehnsucht nach einer erhabenen Tätigkeit, nach einem festen Boden, nach der Heimat, an die sie den Glauben verloren haben, weil sie sie nie gekannt haben! Ein Russe kann so leicht Atheist werden, leichter als alle anderen Völker auf der ganzen Welt! Und wir werden auch nicht einfach Atheisten, sondern glauben fest an den Atheismus wie an eine neue Religion, ohne irgendwie zu bemerken, daß er eine Null ist. So groß ist unser Durst. »Wer keinen Boden unter sich hat, der hat auch keinen Gott.« Das ist nicht meine Erfindung. Das ist die Bemerkung eines altgläubigen Kaufmannes, dem ich auf meiner Reise begegnet bin. Er hat sich übrigens nicht so ausgedrückt, er hat gesagt: »Wer sich von der Heimat lossagt, der sagt sich auch von seinem Gott los.« Wenn man nun daran denkt, daß unsere gebildetsten Menschen in die Sekte der Geißler übergingen ... wodurch unterscheidet sich die in einem solchen Falle übrigens vom Nihilismus, dem Jesuitentum, dem Atheismus? Vielleicht ist das sogar noch tiefer! Soweit ist die Sehnsucht also gegangen! (...) Eröffnen Sie den dürstenden und fiebernden Genossen des Kolumbus das Ufer der »Neuen Welt«, eröffnen Sie dem Russen die russische »Welt«, lassen Sie ihn dieses Gold finden, diesen Schatz, der vor ihm in der Erde verborgen ist! Zeigen Sie ihm in der Zukunft die Wiedergeburt und Auferstehung der ganzen Menschheit, vielleicht einzig auf Grund des russischen Gedankens, des russischen Gottes und Heilands, und Sie werden sehen, welch ein mächtiger, wahrheitsliebender, weiser und sanfter Riese vor der erstaunten und erschrockenen Welt erstehen wird, denn sie erwarten von uns nur das Schwert, das Schwert und die Vergewaltigung, weil sie nach sich urteilen und sich uns nicht ohne Barbarentum vorstellen können.

FJODOR M. DOSTOJEWSKIJ, 1869

DAS RUSSISCHE VOLK hat bereits seine Zukunft bekommen. Und deshalb ist ihm die Zukunft gleichgültig. Es besitzt bereits seine historische Orientierung. Nur eine Katastrophe kann diese Orientierung ändern. Und überhaupt, das Schicksal des russischen Volkes ist kein russisches Problem. Es ist das Problem derer, die Angst haben, daß das russische Volk seine verborgenen Kräfte an den Tag legt und sich den ihm zustehenden Platz in der Geschichte der Menschheit erkämpft.

Diese Schwätzer halten sich für Russen. Aber um ein Russe zu sein, reicht es nicht, Russisch sprechen zu können, in russischer Umgebung aufgewachsen zu sein und russische Schriftsteller zu lesen. Man muß mehr aufweisen können: das Schicksal eines russischen Menschen. Aber genau das wollen sie eben nicht. Sie ziehen das Schicksal eines auf russische Themen spezialisierten »Westlers« vor.

Man glaubt, wir Russen seien nostalgisch. Aber hier geht es nicht um Nostalgie, sondern um etwas anderes. Worum, dahinter bin ich bis heute nicht gekommen. Kaum befand ich mich hier im Westen, als ich zu fühlen begann, was für mich Rußland gewesen ist und was ich verloren habe. Unwiederbringlich verloren habe. Wenn ein Wunder passiert und ich zurückgekehrt wäre, wäre das dennoch keine Wiederherstellung meiner früheren Verbindung mit Rußland gewesen. Einmal abgebrochen, kann diese Verbindung niemals wiederhergestellt werden. Ich bin überzeugt, daß der Schmerz dieses Abbruchs der Verbindung noch stärker wäre, wenn ich zurückgekehrt wäre. Hier bleibt einem wenigstens die vage Hoffnung, daß man die Vergangenheit zurückrufen kann. Und ist sie zurückgekehrt, wird man auch von dieser letzten Hoffnung Abschied nehmen. Inzwischen verstehe ich die Emigranten, die damals in ihr sicheres Verderben nach Rußland zurückgekehrt sind – ungeachtet all der schrecklichen Tatsachen und Warnungen. Mit dem Verstand begreife ich, daß dieses Rußland, nach dem ich mich hier in Sehnsucht verzehre, in Wirklichkeit längst nicht mehr existiert. Aber das mindert die Sehnsucht nicht im geringsten. Im Gegenteil, es macht sie nur noch größer: zu ihr gesellt sich die Sehnsucht nach der unwiederbringlich verflossenen Vergangenheit. Ich weiß, daß unser russisches Leben auch in der Vergangenheit ein Alptraum war. Aber dieses Eingeständnis macht mich noch sehnsüchtiger. Und kein einziger Lichtblick in der Zukunft.

ALEXANDER SINOWJEW, 1981

BEI UNS in Rußland ist das so: Selbst der mieseste Neutöner, Verehrer alles Westlichen und Verächter alles Heimischen, ist im Grunde seines Herzens davon überzeugt, daß das große Talent der Welt bei uns wächst, und wenn man es so pflegt, wie es ihm zukommt, wird es sich alsbald zeigen und die ganze Welt erschüttern, nicht weniger als der Atompilz und die ballistische Rakete.

WASSILIJ AXJONOW, 1975

DIE SKYTHEN

Panmongolismus! Ist das Wort auch wild,
So schmeichelt es doch meinem Ohr.
Wladimir Solowjow

Ihr seid Millionen. Wir – ein Meer, ein Meer.
Versucht es nur, das Schwert zu zücken!
Ja, Skythen! Asiaten! Das sind wir,
Mit gierigen und schrägen Blicken!

Jahrhunderte sind für uns Stunden nur.
Wie Sklaven hielten wir gehorsam,
Die Feinde trennend, unsern Schild empor
Zwischen Mongolen und Europa.

Lang, lang hat eurer Schmiedeöfen Hall
Betäubt das Donnern der Lawine.
Ein wildes Märchen war für euch der Fall
Von Lissabon und von Messina.

Jahrhunderte habt ihr geschaut nach Ost,
Und ließt von Perlen euch verwöhnen.
Und spöttisch habt ihr nur gezählt die Frist,
Bis die Kanonenschlünde dröhnen.

Die Zeit ist da. Das Elend stürzt herein,
Mit jedem Tage wächst das Leiden.
Und eines Tages wird vielleicht kein Stein
Von eurem Paestum übrigbleiben.

O alte Welt! Solange du noch bist,
Und du dich quälst im süßen Bösen,
Verweile doch, wie Oedipus, mit List
Den Rätselspruch der Sphinx zu lösen.

Rußland – die Sphinx. Mit Jubel und mit Pein,
Ganz überströmt von schwarzem Blute,
Schaut sie, und schaut, und schaut in dich hinein,
Mit Haß erfüllt, und auch mit Güte . . .

Ja, so wie unser Blut zu lieben liebt,
War keinem von euch je geheuer.
Ihr habt vergessen, daß es Liebe gibt,
Welche zerstört und sengt wie Feuer.

Wir lieben alles – kalter Zahlen Brand,
Die Gabe göttlicher Visionen,
Der gallische Esprit ist uns bekannt,
Der finstre Genius der Germanen . . .

Wir kennen der Pariser Straßen Gruft,
Die frische Kühle von Venedig,
Und der Zitronenhaine fernen Duft,
Und Köln, gewaltig groß und neblig . . .

Wir lieben Körper – und Geschmack, und Licht,
Gerüche, die um Körper ranken . . .
Zu dumm, daß euer Knochenbau zerbricht
In unsern zärtlich-schweren Pranken . . .

Mit hartem Zügeldruck sind wir's gewohnt,
  Zu bändigen die Pferdemähnen,
Den Pferden gar das Kreuz zu brechen und
  Auch wilde Sklavinnen zu zähmen . . .

Kommt her! Wozu der grauenvolle Krieg,
  Umarmen wollen wir uns lieber!
Solang's noch Zeit – legt eure Schwerter weg,
  Genossen, und wir werden Brüder!

Wenn nicht – so ist auch das uns recht,
  Wir können auch den Treubruch suchen.
Und lange, lange noch wird das Geschlecht
  Der kranken Enkel euch verfluchen.

Wir schlagen Schneisen durch das Walddickicht,
  Schaffen Europa weite Plätze.
Du Prächtiges! Wir wenden uns an dich
  Mit unsrer Asiatenfratze!

Kommt alle her, kommt alle zum Ural,
  Zum Platz, wo Stahlmaschinen stampfen,
Und durch den Dunst und Rauch des Integrals
  Mit der Mongolenhorde kämpfen!

Wir selbst jedoch sind euch nicht mehr ein Schild,
  Wir wolln im Kampfe nichts mehr nützen.
Wir schaun nur zu dem Todeskampfe wild
  Mit unsren schmalen Augenschlitzen.

Wir rührn uns nicht, wenn Hunnenvolk erscheint,
  Zu wühlen in der Leichen Tasche,
Die Städte sengt, das Volk zusammentreibt,
  Und weißes Fleisch verbrennt zu Asche ...

Zum letztenmal – besinn dich, alte Welt!
  Zum Brudermahl, zur Friedensfeier,
Zum letztenmal zum lichten Gastmahl schallt
  Der Aufruf der Barbarenleier!

ALEXANDER BLOK, 1918

IN MEINER HEIMAT leb ich nicht mehr gern,
Buchweizen ruft, aus Weiten, endlos großen.
Ich laß die Kate Kate sein, bin fern,
ich streun, ein Dieb, umher im Heimatlosen.

Tag, wie dein Licht sich lockt, so will ich gehn,
im Irgendwo will ich zur Ruh mich setzen.
Was mir bevorsteht, Freund, ich kanns schon sehn:
ich seh am Stiefelschaft dich's Messer wetzen.

Die gelbe Straße, vor mir läuft sie hin,
der Frühling, er läuft mit, das Wiesenblond, die Helle.
Den Namen grub ich tief in meinen Sinn,
und die ihn trägt, sie jagt mich von der Schwelle.

Ich weiß, mich führts zurück zu Vaters Haus –
Mein ganzer Trost: daß fremde Herzen hüpfen ...
Ein grüner Abend kommt, ich zieh die Jacke aus,
am Ärmel mich ans Fensterkreuz zu knüpfen.

Die Weiden hängen grau, das Zaungeflecht
steht schief – sie müssen Kummer haben.
Mich Ungewaschnen bettet man zurecht,
die Meute bellt – sie haben mich begraben.

Und oben schwimmt der Mond, er schwimmt und schwebt,
und läßt, wo Seen sind, seine Ruder fallen.
Und Rußland lebt, wie's immer schon gelebt:
am Zaun, da tanzt es, und die Tränen rollen.

SERGEJ JESSENIN, 1916

NIEMAND kann mir die Freiheit schenken,
Wenn sie nicht in mir selbst angelegt ist.

BORIS PASTERNAK

WER zum Kriechen bestimmt ist,
der kann nicht fliegen.

MAXIM GORKIJ

VIELE WERDEN JETZT sehr häufig von dem unwillkürlichen Gefühl beherrscht, daß Rußland sein Golgatha durchgemacht hat und sehr nahe an irgendeine neue historische Grenze herangekommen ist. Aber ist das die Grenze der Auflösung, von der, so könnte es scheinen, der wachsende Strom von Emigranten einen überzeugenden Beweis liefert, oder das Vorgefühl einer Wiederauferstehung? Hoffnung und Glaube kämpfen mit Verzweiflung und stiller Schadenfreude. In dem Streit, der über Rußland entbrannt ist, wird eine echt apokalyptische Unruhe immer vernehmlicher hörbar. Wer sind wir: ein verdammter und wüster Stamm oder ein großes Volk? Ist uns eine Zukunft beschieden, oder ist Rußland nur deshalb auf der Welt erschienen, um gemäß der unsinnigen Prophezeiung Leontews den Antichrist aus seinem Schoß zu gebären? Was erwartet uns: ein gähnender Abgrund oder ein jäher und schwerer Aufstieg?

WADIM BORISOW, 1975

QUELLENNACHWEIS

Die halbfetten Ziffern am Ende eines Eintrags verweisen auf die Seite in dieser Anthologie, auf der sich das entsprechende Zitat findet. – Gelegentlich mußte aus älteren Übersetzungen zitiert werden, wenn neuere Ausgaben sich gegenüber dem russischen Originaltext als – zum Teil stillschweigend – gekürzte Fassungen herausstellten.
Orthographische und grammatikalische Eigenarten der zeitgenössischen Übersetzungen wurden weitgehend beibehalten. – Die Schreibweise russischer Namen orientiert sich an der sogenannten deutschen Vulgärtranskription, der am häufigsten gebrauchten und vertrautesten Umschriftvariante; davon abgewichen wird, wenn eine andere, etwa die englische oder wissenschaftliche Transkription sich eingebürgert hat oder von den Herausgebern einer zitierten Buchausgabe gewählt wurde.

Anna Achmatowa: *Poem ohne Held. Triptychon 1940 bis 1962* (Nachdichtung von Heinz Czechowski). In: Dies.: *Poem ohne Held. Poeme und Gedichte.* © Reclam Verlag Leipzig 1993, S. 183 **(12)**
–: *Heimaterde* (Nachdichtung von Rainer Kirsch), ebenda, S. 105 **(92)**
–: *Tapferkeit* (aus dem Zyklus *Kriegswind* – Nachdichtung von Rainer Kirsch), ebenda, S. 55 **(118)**
–, in: *Gedichte* (Nachdichtung von Rainer Kirsch). © Suhrkamp Verlag Frankfurt am Main [3]1990, S. 24 **(43)**
–, ebenda, S. 61 **(62)**
–, zitiert nach: Raissa Orlowa und Lew Kopelew: *Wir lebten in Moskau.* München und Hamburg 1987, S. 43 **(107)**
Ernst Moritz Arndt: *Geist der Zeit.* Teil I–IV. In: *Arndts Werke.* Auswahl in zwölf Teilen, hrsg. von August Leffson und Wilhelm Steffens. Berlin, Leipzig, Wien, Stuttgart 1912,

Teil I, S. 134. Zitiert nach: Mechtild Keller (Hrsg.): *Russen und Rußland aus deutscher Sicht. 19. Jhd.: Von der Jahrhundertwende bis zur Reichsgründung (1800–1871). (= West-östliche Spiegelungen.* Wuppertaler Projekt zur Erforschung der Geschichte deutsch-russischer Fremdenbilder, unter Leitung von Lew Kopelew. Reihe A, Bd. 3) München 1992, S. 319 **(39)**

–: *Erinnerungen aus dem äußeren Leben.* In: *Sämtliche Werke.* Hrsg. von Karl Friedrich Pfau. Bd. 1. Leipzig 1892, S. 152 f. Zitiert nach: Mechtild Keller (Hrsg.): *Russen . . . 19. Jhd.*, a.a.O., S. 332 **(158)**

Wassilij Axjonow: *Gebrannt* (dt. von Liesl Ujvary und Ute Spengler). Berlin, Frankfurt/M., Wien: Ullstein 1983, S. 241 **(54)**

–, ebenda, S. 413 **(98)**

–, ebenda, S. 446 **(186)**

Andrej Belyj: *Heimatland* (dt. von Dietrich Wörn). In: *Russische Lyrik. Von den Anfängen bis zur Gegenwart.* Hrsg. von Kay Borowsky und Ludolf Müller. © Philipp Reclam Verlag, Stuttgart 1983, S. 281 **(24)**

Nikolai Berdiajew: *Das Schicksal Rußlands* (dt. von Christiane Sieg). Moskau 1918, S. 8 ff. **(15)**

–: *Sinn und Schicksal des russischen Kommunismus* (dt. von I. Schor). Luzern 1937, S. 92 **(23)**

–, ebenda, S. 9 ff. **(31)**

–, ebenda, S. 85 f. **(112)**

Andrej Bitow: *Die Rolle* (dt. von Alexander Kaempfe). Frankfurt/M. 1990, S. 109 **(149)**

Alexander Blok: *Intelligenz und Revolution* (dt. von Ingeborg Schröder). In: Ders.: *Ausgewählte Werke, Bd. 2 (Stücke – Essays – Reden).* © Verlag Volk und Welt, Berlin 1978, S. 171 f. **(25)**

–, ebenda, S. 174 f. **(140)**

–: *Rus.* In: Ders.: *Gedichte. Russisch und deutsch.* Ausgewählt, nachgedichtet und mit einem Vorwort versehen von Adrian Wanner. © Suhrkamp Verlag Frankfurt am Main 1990, S. 49 **(27)**

–: *Rußland*, ebenda, S. 133 ff. **(33)**

–, ebenda, S. 125 ff. **(123)**

–: *Die Skythen*, ebenda, S. 151 ff. **(187)**

Heinrich Böll: *Oblomow auf der Bettkante.* In: Ders.: *Die Fähigkeit zu trauern. Schriften und Reden 1983–1985.* Bornheim-Merten 1986, S. 231 ff. **(67)**

–: *Dürfen Russen lachen?* In: *Heinrich Böll Werke. Essayistische Schriften und Reden 3. 1973–1978.* Hrsg. von Bernd Balzer. Köln o. J., S. 366 **(154)**

Wadim Borisow: *Die nationale Wiedergeburt und die Nation-Persönlichkeit* (dt. von Günter Jakob). In: Alexander Solschenizyn u. a.: *Stimmen aus dem Untergrund. Zur geistigen Situation in der UdSSR.* Darmstadt und Neuwied 1975, S. 207 **(193)**

Joseph Brodsky: *Erinnerungen an Leningrad* (dt. von Sylvia List und Marianne Frisch). München, Wien © 1993 by Carl Hanser Verlag München, Wien 1987. Zitiert nach: Godehard Schramm (Hrsg.): *Rußland ist mit dem Verstand nicht zu begreifen. Selbstbildnisse der russischen Seele.* S. 143 ff. **(179)**

Astolphe de Custine: *Russische Schatten. Prophetische Briefe aus dem Jahre 1839* (dt. von A. Diezmann). Nördlingen 1985, S. 226 f. **(37)**

–, ebenda, S. 277 u. 45 **(162)**

Wladimir Dal: *Sprichwörter des russischen Volkes* (dt. von Godehard Schramm). In: *Poslovicy russkogo naroda. Sbornik V. Dalja.* Moskau 1984. Zitiert nach: Godehard Schramm (Hrsg.): *Rußland* . . ., a.a.O., S. 23 **(45, 146, 163)**

N. A. Dobroljubow: *Was ist Oblomowtum?* In: Ders.: *Ausge-*

wählte philosophische Schriften (ohne Übersetzerangabe). Moskau 1951, S. 229–273. Zitiert nach: Wilhelm Goerdt: *Russische philosophische Texte*. Freiburg, München 1989, S. 478 f. **(66)**

Fjodor M. Dostojewskij: *Tagebuch eines Schriftstellers* (dt. von Alexander Eliasberg). 1. Bd. München 1924. Zitiert nach: Godehard Schramm (Hrsg.): *Rußland* . . ., a.a.O., S. 9 f. **(46)**

–: *Die Dämonen. Roman in zwei Teilen* (dt. von E. K. Rahsin), erster Teil. München und Leipzig 1906, S. 364 f. **(82)**

–, ebenda, S. 44 f. **(96)**

–, ebenda, S. 361 **(147)**

–: *Schuld und Sühne* (dt. von Hans Moser). Leipzig o. J. (1887–1890), S. 362 **(103)**

–: *Der Idiot* (dt. von Klara Brauner), 2. Bd. Berlin o. J. (1924), S. 9 f. **(133)**

–, ebenda, S. 321 f. **(182)**

Varnhagen van Ense: *Tagebuch vom 13. April 1838*. Zitiert nach: Gerhard Ziegengeist: *Varnhagen van Ense als Vermittler der russischen Literatur im Vormärz*. In: Zeitschrift für Slawistik, Bd. 33/1988, S. 497. Zitiert nach: Mechtild Keller (Hrsg.): *Russen . . . 19. Jhd.*, a.a.O., S. 319 **(111)**

Alexander Galitsch (dt. von Gisela Reichert-Borowsky). In: *Russische Lyrik. Von den Anfängen bis zur Gegenwart*, a.a.O., S. 569 ff. **(104)**

Nikolai Gogol: *Die toten Seelen* (dt. von Johannes von Guenther). In: Ders.: *Gesammelte Werke*, Bd. IV. © 1952 Aufbau Verlag Berlin, S. 359 f. **(30)**

–, ebenda, S. 406 ff. **(40)**

–, ebenda, S. 62 f. **(51)**

–, ebenda, S. 75 f. **(80)**

–: *Taras Bulba* (dt. von Korfiz Holm). Ebenda, Bd. II *(Mirgo-*

rod. Erzählungen, die die »Abende auf dem Vorwerk bei Dikanka« fortsetzen), S. 172 f. (**58**)

–, ebenda, S. 55 ff. (**127**)

–: *Gutsbesitzer alter Zeit* (dt. von Johannes von Guenther). Ebenda, S. 22 ff. (**70**)

I. A. Gontscharow: *Oblomow* (dt. von Reinhold von Walter). Düsseldorf 1956, S. 146 ff. (**64**)

Maxim Gorkij: *Über Tolstoj und das alte Rußland*. In: *Russische Erzähler. Erzählungen der russischen Literatur von 1917 bis heute*. Wien, München, Basel 1962, S. 8 f. (**18**)

–: *W. I. Lenin* (dt. von Erich Böhme). In: Ders.: *Gesammelte Werke, Bd. XIII (Erinnerungen an Zeitgenossen)*. Berlin 1928, S. 253 f. (**114**)

–: *A. A. Block* (dt. von Erich Böhme). Ebenda, *Bd. IX (Erlebnisse und Begegnungen)*. Berlin 1926, S. 354 f. (**115**)

–: *Der Sturmvogel* (dt. von August Scholz). Ebenda, *Bd. II (Erzählungen, 2. Bd.)*. Berlin o.J. (1923), S. 490 f. (**137**)

–: *Das Lied vom Falken* (dt. von August Scholz). Ebenda, *Bd. I (Erzählungen, 1. Bd.)*. Berlin o.J. (1923), S. 164 (**192**)

Joseph von Görres, in: Dmitrij Tschizewsij und Dieter Groh (Hrsg.): *Europa und Rußland*. Darmstadt 1959, S. 41. Zitiert nach: Mechtild Keller (Hrsg.): *Russen und Rußland aus deutscher Sicht. 18. Jhd.: Aufklärung*. (= *West-östliche Spiegelungen*. Wuppertaler Projekt zur Erforschung der Geschichte deutsch-russischer Fremdenbilder, unter Leitung von Lew Kopelew. Reihe A, Bd. 2.) München 1987, S. 29 (**159**)

Johann Christoph Gottsched: *Lob- und Klag-Ode*. In: *Europäische Fama*, 281. Teil, 1725. Zitiert nach: Mechtild Keller (Hrsg.): *Russen . . . 18. Jhd.*, a.a.O., S. 342 (**136**)

Heinrich Heine: *Jetzt wohin?* In: Ders.: *Sämtliche Schriften*. Hrsg. von Klaus Briegleb. *Gedichte* hrsg. von Walter Klaar. 6. Bd., 1. Teilbd. München 1975, S. 102 (**155**)

–: *Ludwig Börne. Eine Denkschrift.* Ebenda, 4. Bd. München 1971, S. 79 **(155)**

Sinaida Hippius: *Lied* (Nachdichtung von Alexander Eliasberg). In: *Russische Lyrik. Gedichte aus drei Jahrhunderten.* Ausgewählt und eingeleitet von Efim Etkind. © 1981 by R. Piper & Co. Verlag, München 1981. **(152)**

Ilja Ilf und Jewgeni Petrow: *Das goldene Kalb oder Die Jagd nach der Million* (dt. von Thomas Reschke). München 1979, S. 231 ff. **(172)**

Georgij Iwanow (dt. von Kay Borowsky). In: *Russische Lyrik. Gedichte aus drei Jahrhunderten,* a.a.O., S. 340 f. **(177, 178)**

Wiatscheslaw Iwanow: *Die russische Idee* (dt. von J. Schor). Tübingen: J. C. B. Mohr (Paul Siebeck) 1930, S. 10–13 **(124)**

Victor Jerofejew: *Der russische Riß* (dt. von Beate Rauch). In: Ders.: *Im Labyrinth der verfluchten Fragen. Essays.* © S. Fischer Verlag, Frankfurt am Main 1993 **(60)**

Sergej Jessenin: *In meiner Heimat leb ich nicht mehr gern.* In: Ders.: *Gedichte.* Ausgewählt und übertragen von Paul Celan. © S. Fischer Verlag, Frankfurt am Main 1961, S. 9 **(191)**

Jewgenij Jewtuschenko: *Welche Kraft, gewaltig* (dt. von Klaus Möckel). In: *Das dritte Gedächtnis, Gedichte,* © 1970 by Verlag Volk und Welt, Berlin, S. 7 **(122)**

Wladimir Korolenko: *Das Stereotype im Leben des russischen Schriftstellers.* In: *66 russische Essays.* Hrsg. und übersetzt von Erich Müller-Kamp. München 1967, S. 359 **(116)**

August von Kotzebue: *Meine verschiedenen Bestimmungen im bürgerlichen Leben.* In: *Jahrbuch der Sammlung Kippenberg.* 2. Bd. Leipzig 1922, S. 198 f. Zitiert nach: Mechtild Keller (Hrsg.): *Russen . . . 18. Jhd.,* a.a.O., S. 30 **(160)**

Michail J. Lermontow: *Ein Held unserer Zeit* (dt. von Lothar Gürgens). Berlin o. J. (1947), S. 29 **(93)**

Dmitrij Lichatschow: *Rossija* (dt. von Godehard Schramm). In: Literaturnaja Gazeta, 41/1988. Zitiert nach: Godehard Schramm (Hrsg.): *Rußland* . . ., a.a.O., S. 32 **(132)**

Edward Limonow: *Fuck off, Amerika* (dt. von Hans Brink). © Scherz Verlag Bern und München [6]1990, S. 15 und 159 f. **(99)**

–, ebenda, S. 29 f. **(120)**

Michail Lomonossow, zitiert nach: *Umnoje slowa.* Moskau 1960 **(109)**

–: *Polnoe sobranie sočinenij.* Bd. I–XI. Moskau und Leningrad 1950–1983. Bd. XI, S. 407 f. Zitiert nach: Dagmar Herrmann (Hrsg.): *Deutsche und Deutschland aus russischer Sicht. 18. Jhd.: Aufklärung.* (= *West-östliche Spiegelungen.* Wuppertaler Projekt zur Erforschung der Geschichte deutsch-russischer Fremdenbilder, unter Leitung von Lew Kopelew. Reihe B, Bd. 2.) München 1992, S. 184 f. **(166)**

Wladimir Majakowski: *Wladimir Iljitsch Lenin.* In: Ders.: *Ausgewählte Werke. Bd. 2: Poeme* (Nachdichtung von Hugo Huppert). © 1966–1973 by Verlag Volk und Welt, Berlin, S. 271 **(12)**

–: *Lilitschka!* Ebenda, *Bd. 1: Gedichte* (Nachdichtung von Hugo Huppert), S. 20 ff. **(86)**

–: *Gut und schön!* Ebenda, *Bd. 2: Poeme* (Nachdichtung von Hugo Huppert), S. 398 ff. **(150)**

Ossip Mandelstam: *Vom Wesen des Wortes* (dt. von Christiane Sieg). Zitiert nach: Benedikt Sarnow: *Smotritje, kto prischul.* Moskau 1992, S. 148 f. **(110)**

Vladimir Nabokov: *Die Gabe* (dt. von Annelore Engel-Braunschmidt). © 1993 by Rowohlt Verlag, Reinbek, S. 412 f. **(41)**

–, ebenda, S. 571 f. **(119)**

–: *An Rußland* (dt. von Peter Engel). In: *Russische Lyrik. Gedichte aus drei Jahrhunderten*, a.a.O., S. 352 f. **(95)**
Nikolai A. Nekrassow: *Mütterchen Rus* (Nachdichtung von Rudolf Seuberlich und Gerhard Dudek). In: Ders.: *Gedichte und Poeme*. © 1965 by Aufbau Verlag Berlin und Weimar, S. 381 **(11)**
Nikolaj I. Novikov: *Der Haarbeutel. Anstelle eines Vorwortes* (ohne Übersetzerangabe). In: *Satiričeskie žurnaly N. I. Novikova*. Red. P. N. Berkov. Moskau und Leningrad 1951, S. 477. Zitiert nach: Dagmar Herrmann (Hrsg.): *Deutsche ... 18. Jhd.*, a.a.O., S. 457 **(167)**
–: *Brief eines Landedelmannes an seinen Sohn* (ohne Übersetzerangabe). In: *Satiričeskie žurnaly N. I. Novikova*, a.a.O. Zitiert nach: Dagmar Herrmann (Hrsg.): *Deutsche ... 18. Jhd.*, a.a.O., S. 458 **(167)**
–: *Gespräch zwischen einem Deutschen und einem Franzosen* (dt. von Doris Schenk). In: *Satiričeskie žurnaly N. I. Novikova*, a.a.O. Zitiert nach: Dagmar Herrmann (Hrsg.): *Deutsche ... 18. Jhd.*, a.a.O., S. 477 ff. **(168)**
Raissa Orlowa und Lew Kopelew: *Wir lebten in Moskau*. München und Hamburg 1987, S. 169 **(117)**
Michail Osorgin: *Zeiten* (dt. von Christiane Sieg). Jekaterinburg 1992, S. 598 **(94)**
–, ebenda, S. 562 **(180)**
Maurice Paléologue: *Am Zarenhof während des Weltkrieges. Tagebücher und Betrachtungen, Bd. I* (dt. von L. Rottenberg). München ²1926, S. 98 **(26)**
–, ebenda, S. 21 **(39)**
–, ebenda, S. 178 **(151)**
–, ebenda, S. 448 **(161)**
–, ebenda, S. 458 f. **(165)**
Boris Pasternak, zitiert nach: Raissa Orlowa und Lew Kopelew: *Wir lebten in Moskau*, a.a.O., S. 169 **(192)**

G. L. Permjakow: *Dreihundert allgemeingebräuchliche russische Sprichwörter und sprichwörtliche Redensarten.* Moskau 1986, S. 32 u. 70 **(146)**

Ljudmila Petruschewskaja: *Meine Zeit ist die Nacht. Aufzeichnungen auf der Tischkante* (dt. von Antje Leetz). © 1991 by Rowohlt. Berlin, S. 112 **(56)**

Andrej Platonow: *Der geheimnisvolle Mensch* (dt. von Agathe Jais). In: Ders.: *Die Kutschervorstadt. Gesammelte Erzählungen.* Frankfurt, Berlin, Wien 1985, S. 199 f. **(141)**

Alexander Puschkin: *Eugen Onegin.* In: *Puschkins Werke.* Hrsg. von Arthur Luther. 2. Bd. Leipzig 1923, S. 106 **(36)**

–, ebenda, S. 153 f. **(38)**

–, ebenda, S. 87 **(84)**

–: *Die Hauptmannstochter.* Ebenda, 1. Bd. **(75)**

–: *An Tschaadajew.* In: Ders.: *Gedichte. Poeme. Eugen Onegin* (ohne Übersetzerangabe). Berlin 1947, S. 113 **(84)**

– (dt. von Ludolf Müller), in: *Russische Lyrik. Gedichte aus drei Jahrhunderten,* a.a.O., S. 62 **(91)**

A. N. Radistschew: *Reise von Petersburg nach Moskau.* Berlin 1952, S. 44 **(35)**

Wassilij Rosanow: *Solitaria. Ausgewählte Schriften* (dt. von Heinrich A. Stammler). © 1985 by Diogenes Verlag AG Zürich. Zitiert nach: Godehard Schramm (Hrsg.): *Rußland . . .,* a.a.O., S. 297 f. **(56)**

Russisches Sprichwort, zitiert nach: Godehard Schramm (Hrsg.): *Rußland . . .,* a.a.O., S. 8 **(26)**

Friedrich von Schiller: *Demetrius.* In: *Nationalausgabe.* Weimar 1942 ff. Bd. 11, S. 25. Zitiert nach: Mechtild Keller (Hrsg.): *Russen . . . 18. Jhd.,* a.a.O., S. 581 **(17)**

Wassili Schukschin: *Rebell gegen den Zaren. Ein Kosakenroman* (dt. von Thomas Reschke). Stuttgart: Deutsche Verlags-Anstalt 1980, S. 339 ff. **(75)**

Alexander Sinowjew: *Homo sovieticus* (dt. von G. von Hal-

le). © 1987 by Diogenes Verlag AG Zürich. S. 153 f. **(20)**
–, ebenda, S. 11 **(44)**
–, ebenda, S. 33 f. **(55)**
–, ebenda, S. 49 **(85)**
–, ebenda, S. 149 **(102)**
–, ebenda, S. 327 ff. **(184)**
Fjodor Sologub: *Hymnus dem Vaterland* (dt. von Johannes von Guenther). In: *Russische Lyrik. Gedichte aus drei Jahrhunderten*, a.a.O., S. 217 **(29)**
Alexander Solschenizyn: *Reue und Selbstbeschränkung als Kategorien des nationalen Lebens* (dt. von Galina Berkenkopf). In: Alexander Solschenizyn u. a.: *Stimmen aus dem Untergrund. Zur geistigen Situation in der UdSSR.* Darmstadt und Neuwied 1975, S. 127 f. **(57)**
–: *Bei der Rückkehr von Atem und Bewußtsein* (dt. von Galina Berkenkopf), ebenda, S. 26 ff. **(144)**
Valerij Tarsis: *Rußland und die Russen* (ohne Übersetzerangabe). Luzern, München 1967. Zitiert nach: Godehard Schramm (Hrsg.): *Rußland* . . ., a.a.O., S. 313 f. **(142)**
L. T.: *Russische Vorlesungen in Dresden.* In: *Russische Revue.* 1. Bd., 3. Heft (1863), S. 298 ff. Zitiert nach: Mechtild Keller (Hrsg.): *Russen . . . 19. Jhd.*, a.a.O., S. 281 **(156)**
Abram Terz: *Eine Stimme im Chor* (dt. von Swetlana Geier). © Paul Zsolnay Verlag Wien, Hamburg 1974, S. 156 f. **(22)**
–, ebenda, S. 144 **(147)**
–, ebenda, S. 264 **(148)**
–: *Gedanken hinter Gittern* (dt. von Hendrik Berinson). Wien und Hamburg 1968. Zitiert nach: Godehard Schramm (Hrsg.): *Rußland* . . ., a.a.O., S. 10 f. **(52)**
Alexei K. Tolstoi: *Gedichte* (Nachdichtung von Friedrich Fiedler). Leipzig 1895, S. 60 **(63, 89)**

Leo N. Tolstoi: *Krieg und Frieden* (dt. von Raphael Löwenfeld). In: Ders.: *Sämtliche Werke, Bd. 13.* Jena [3]1911, S. 346 ff. **(48)**

–, ebenda, S. 326 f. **(68)**

–, ebenda, S. 321 ff. **(78)**

Peter Tschaadajew: *Philosophische Briefe. 1. Brief.* In: Ders.: *Schriften und Briefe* (dt. von Elias Hurwicz). München 1921, S. 42–47 **(130)**

Fjodor Tjuttschew (dt. von Rudolf Pollach), in: *Russische Lyrik. Von den Anfängen bis zur Gegenwart,* a.a.O., S. 161 ff. **(153)**

– (dt. von Rolf-Dietrich Keil), in: *Russische Lyrik. Gedichte aus drei Jahrhunderten,* a.a.O., S. 146 **(180)**

Iwan Turgenjew: *Aus dem Tagebuch eines Jägers.* In: Ders.: *Sämtliche Werke.* Übersetzt von F. M. Balte, Fega Frisch, Ludwig Rubiner u. a. 4. Bd. München und Leipzig 1913, S. 290 ff. **(73)**

–: *Die russische Sprache* (dt. von Christine Reinke-Kunze). In: Ders.: *Gedichte in Prosa.* © Philipp Reclam, Stuttgart 1983. Zitiert nach: Godehard Schramm (Hrsg.): *Rußland . . .,* a.a.O., S. 170 **(108)**

Pjotr Wjasemskij: *Der russische Gott* (Nachdichtung von Martin Remané). In: *Russische Lyrik. Gedichte aus drei Jahrhunderten,* a.a.O. Zitiert nach: Godehard Schramm (Hrsg.): *Rußland . . .,* a.a.O., S. 18 f. **(164)**

Maximilian Woloschin: *In der untersten Hölle* (dt. von Rolf-Dietrich Keil). In: *Russische Lyrik. Gedichte aus drei Jahrhunderten,* a.a.O., S. 357 **(113)**

– (Maksimilian Vološin): *Der Friede* (dt. von Henning Sietz). In: Ders.: *Stichotvorenija i poemy v dvuch tomach.* Hrsg. von B. A. Filippow, G. P. Struve und N. A. Struve. Bd. 2. Paris 1982. Zitiert nach: Dagmar Herrmann und Johanne Peters (Hrsg.): *Deutsche und Deutschland in der russi-*

schen Lyrik des frühen 20. Jahrhunderts. München 1988, S. 327 **(139)**

Wladimir Wysotzkij (dt. von Kay Borowsky), in: *Russische Lyrik. Von den Anfängen bis zur Gegenwart,* a.a.O., S. 633 **(42)**

Christian Gottlob Züge: *Der russische Colonist, oder Christian Gottlob Züge's Leben in Rußland.* Bd. 1. Zeitz und Naumburg 1802, S. 210 f. Zitiert nach: Mechtild Keller (Hrsg.): *Russen . . . 18. Jhd.*, a.a.O., S. 243 **(158)**

Marina Zwetajewa: *Strophen an den Sohn* (Nachdichtung von Rainer Kirsch). In: Dies.: *Gedichte. Prosa. Russisch und deutsch.* © Reclam Verlag Leipzig ³1990, S. 93 **(13)**

Die Deutsche Bibliothek – CIP-Einheitsaufnahme

Von der russischen Seele: Impressionen von Puschkin bis Jerofejew /
hrsg. von Gabriele Krone-Schmalz.
[Textausw. und Red: Galina Dursthoff]. –
Düsseldorf; Wien; New York; Moskau: ECON Verl., 1994
ISBN 3-430-15703-X
NE: Puškin, Aleksandr S.; Krone-Schmalz, Gabriele [Hrsg.]

Gesetzt aus der Baskerville, Berthold
Satz: Dörlemann-Satz, Lemförde
Papier: Papierfabrik Schleipen GmbH, Bad Dürkheim
Druck und Bindearbeiten: Pustet, Regensburg
Printed in Germany
ISBN 3-430-15703-X